CHECKLIST
AND RECORD

United States and Canadian Coins

St. Martin's Griffin
New York

No. 9091-8   ISBN: 0-307-19099-4   Printed in the U.S.A.

This record is designed for use as a convenient inventory of United States and Canadian coins. Popular minor varieties have been added to the basic list to assist collectors in classifying their coins.

Mintage figures show how many coins were struck each year. Space is provided for the collector to indicate the number of coins owned in any of six different grades of condition. Most coin types are illustrated with actual size photographs next to the coins listings.

Copyright © 1997, 1999, 2002 by
St. Martin's Press
175 Fifth Avenue
New York, N.Y. 10010

A St. Martin's Griffin Edition

All Rights Reserved

HALF CENTS

Date	Quantity Minted	G-4	VG-8	F-12	VF-20	EF-40	MS-60
1793	35,334						
1794	81,600						
1795	139,690						
1796	1,390						
1797 plain edge 1797 lettered edge	127,840						

1800	202,908						
1802	20,266						
1803	92,000						
1804	1,055,312						
1805	814,464						
1806	356,000						
1807	476,000						
1808 1808 over 7	4,000,000						

HALF CENTS

Date	Quantity Minted	G-4	VG-8	F-12	VF-20	EF-40	MS-60
1809	1,154,572						
1809 over 6							
1810	215,000						
1811	63,140						
1825	63,000						
1826	234,000						
1828 12 stars	606,000						
1828 13 stars							
1829	487,000						
1831	2,200						
1832	51,000						
1833	103,000						
1834	141,000						
1835	398,000						
1836 proof only							

	Quantity	G-4	VG-8	F-12	VF-20	EF-40	MS-60
1840 proof only							
1841 proof only							
1842 proof only							
1843 proof only							
1844 proof only							
1845 proof only							
1846 proof only							
1847 proof only							
1848 small date							
1849 large date	39,864						
1850	39,812						
1851	147,672						
1852 proof only							
1853	129,694						
1854	55,358						
1855	56,500						
1856	40,430						
1857	35,180						

LARGE CENTS

Date	Quantity Minted	G-4	VG-8	F-12	VF-20	EF-40	MS-60
1793 Chn AMERI	36,103						
1793 Chn AMERICA							
1793 Wreath type	63,353						

1793 Liberty cap	11,056						
1794	918,521						
1795	538,500						
1796 Liberty cap	109,825						

1793 Draped bust	363,375						
1797	897,510						
1798	979,700						
1798 over 7							
1799	904,585						
1799 over 8							
1800	2,822,175						
1801	1,362,837						

LARGE CENTS

Date	Quantity Minted	G-4	VG-8	F-12	VF-20	EF-40	MS-60
1802	3,435,100						
1803	3,131,691						
1804	96,500						
1805	941,116						
1806	348,000						
1807	829,221						

1808	1,007,000						
1809	222,867						
1810	1,458,500						
1811	218,025						
1812	1,075,500						
1813	418,000						
1814	357,830						

1816	2,820,982						
1817	3,948,400						
1818	3,167,000						
1819	2,671,000						
1820	4,407,550						
1821	389,000						
1822	2,072,339						
1823	68,061						
1824	1,193,939						
1825	1,461,100						
1826	1,517,425						

LARGE CENTS

Date	Quantity Minted	G-4	VG-8	F-12	VF-20	EF-40	MS-60
1827	2,357,732						
1828	2,260,624						
1829	1,414,500						
1830	1,711,500						
1831	3,359,260						
1832	2,362,000						
1833	2,739,000						
1834	1,855,100						
1835	3,878,400						
1836	2,111,000						
1837	5,558,300						
1838	6,370,200						

Date	Quantity Minted	G-4	VG-8	F-12	VF-20	EF-40	MS-60
1839 1839 over 1836	3,128,661						
1840	2,462,700						
1841	1,597,367						
1842	2,383,390						
1843	2,425,342						
1844	2,398,752						
1845	3,894,804						
1846	4,120,800						
1847	6,183,669						
1848	6,415,799						
1849	4,178,500						
1850	4,426,844						
1851	9,889,707						
1852	5,063,094						
1853	6,641,131						
1854	4,236,156						
1855	1,574,829						
1856	2,690,463						
1857	333,456						

SMALL CENTS

Date	Quantity Minted	VG-8	F-12	VF-20	EF-40	MS-60	Proof-63
1856	est. 2,000						
1857	17,450,000						
1858 L.L.	24,600,000						
1858 S.L.							

Copper-Nickel

1859	36,400,000						
1860	20,566,000						
1861	10,100,000						
1862	28,075,000						
1863	49,840,000						
1864	13,740,000						

Bronze

1864	39,233,714						
1864L							
1865	35,429,286						
1866	9,826,500						
1867	9,821,000						
1868	10,266,500						
1869	6,420,000						
1869 over 8							
1870	5,275,000						
1871	3,929,500						
1872	4,042,000						
1873	11,676,500						
1874	14,187,500						
1875	13,528,000						
1876	7,944,000						
1877	852,500						

SMALL CENTS

Date	Quantity Minted	VG-8	F-12	VF-20	EF-40	MS-60	Prf-63
1878	5,799,850						
1879	16,231,200						
1880	38,964,955						
1881	39,211,575						
1882	38,581,100						
1883	45,598,109						
1884	23,261,742						
1885	11,765,384						
1886	17,654,290						
1887	45,226,483						
1888	37,494,414						
1889	48,869,361						
1890	57,182,854						
1891	47,072,350						
1892	37,649,832						
1893	46,642,195						
1894	16,752,132						
1895	38,343,636						
1896	39,057,293						
1897	50,466,330						
1898	49,823,079						
1899	53,600,031						
1900	66,833,764						
1901	79,611,143						
1902	87,376,722						
1903	85,094,493						
1904	61,328,015						
1905	80,719,163						
1906	96,022,255						
1907	108,138,618						
1908	32,327,987						
1908S	1,115,000						
1909	14,370,645						
1909S	309,000						

Date	Quantity Minted	VG-8	F-12	VF-20	EF-40	MS-60	Prf-63
1909 V.D.B.	27,995,000						
1909S V.D.B.	484,000						

SMALL CENTS

Date	Quantity Minted	G-4	VG-8	F-12	VF-20	EF-40	MS-60
1909	72,702,618						
1909S	1,825,000						
1910	146,801,218						
1910S	6,045,000						
1911	101,177,787						
1911	12,672,000						
1911S	4,026,000						
1912	68,153,060						
1912D	10,411,000						
1912S	4,431,000						
1913	76,532,352						
1913D	15,804,000						
1913S	6,101,000						
1914	75,238,432						
1914D	1,193,000						
1914S	4,137,000						
1915	29,092,120						
1915D	22,050,000						
1915S	4,833,000						
1916	131,833,677						
1916D	35,956,000						
1916S	22,510,000						
1917	196,429,785						
1917D	55,120,000						
1917S	32,620,000						
1918	288,104,634						
1918D	47,830,000						
1918S	34,680,000						
1919	392,021,000						
1919D	57,154,000						
1919S	139,760,000						
1920	310,165,000						
1920D	49,280,000						
1920S	46,220,000						
1921	39,157,000						
1921S	15,274,000						
1922D							
1922 no D	7,160,000						
1922 weak D							
1923	74,723,000						
1923S	8,700,000						
1924	75,178,000						
1924D	2,520,000						

SMALL CENTS

Date	Quantity Minted	VG-8	F-12	VF-20	EF-40	MS-60	Prf-63
1924S	11,696,000						
1925	139,949,000						
1925D	22,580,000						
1925S	26,380,000						
1926	157,088,000						
1926D	28,020,000						
1926S	4,550,000						
1927	144,440,000						
1927D	27,170,000						
1927S	14,276,000						
1928	134,116,000						
1928D	31,170,000						
1928S	17,266,000						
1929	185,262,000						
1929D	41,730,000						
1929S	50,148,000						
1930	157,415,000						
1930D	40,100,000						
1930S	24,286,000						
1931	19,396,000						
1931D	4,480,000						
1931S	866,000						
1932	9,062,000						
1932D	10,500,000						
1933	14,360,000						
1933D	6,200,000						
1934	219,080,000						
1934D	28,446,000						
1935	245,388,000						
1935D	47,000,000						
1935S	38,702,000						
1936	309,637,569						
1936D	40,620,000						
1936S	29,130,000						
1937	309,179,320						
1937D	50,430,000						
1937S	34,500,000						
1938	156,696,734						
1938D	20,010,000						
1938S	15,180,000						
1939	316,479,520						
1939D	15,160,000						
1939S	52,070,000						

SMALL CENTS

Date	Quantity Minted	VG-8	F-12	VF-20	EF-40	MS-60	Prf-65
1940	586,825,872						
1940D	81,390,000						
1940S	112,940,000						
1941	887,039,100						
1941D	128,700,000						
1941S	92,360,000						
1942	657,828,600						
1942D	206,698,000						
1942S	85,590,000						
1943	684,628,670						
1943D	217,660,000						
1943S	191,550,000						
1944	1,435,400,000						
1944D	430,578,000						
1944S	282,760,000						
1945	1,040,515,000						
1945D	266,268,000						
1945S	181,770,000						
1946	991,655,000						
1946D	315,690,000						
1946S	198,100,000						
1947	190,555,000						
1947D	194,750,000						
1947S	99,000,000						
1948	317,570,000						
1948D	172,637,500						
1948S	81,735,000						
1949	217,775,000						
1949D	153,132,500						
1949S	64,290,000						
1950	272,686,386						
1950D	334,950,000						
1950S	118,505,000						
1951	284,633,500						
1951D	625,355,000						
1951S	136,010,000						
1952	186,856,980						
1952D	746,130,000						
1952S	137,800,004						
1953	256,883,800						
1953D	700,515,000						
1953S	181,835,000						

SMALL CENTS

Date	Quantity Minted	EF-40	AU-50	MS-60	MS-63	MS-65	Prf-65
1954	71,873,350						
1954D	251,552,500						
1954S	96,190,000						
1955	330,958,200						
1955D	563,257,500						
1955S	44,610,000						
1956	421,414,384						
1956D	1,098,201,100						
1957	283,787,952						
1957D	1,051,342,000						
1958	253,400,652						
1958D	800,953,300						

LINCOLN MEMORIAL TYPE

Date	Quantity Minted	EF-40	AU-50	MS-60	MS-63	MS-65	Prf-65
1959	610,864,291						
1959D	1,279,760,000						
1960 Lg. date 1960 Sm. date	588,096,602						
1960D Lg. date 1960D Sm. date	1,580,884,000						
1961	756,373,244						
1961D	1,753,266,700						
1962	609,263,019						
1962D	1,793,148,400						
1963	757,185,645						
1963D	1,774,020,400						
1964	2,652,525,762						
1964D	3,799,071,500						
1965	1,497,224,900						
1966	2,188,147,783						
1967	3,048,667,100						
1968	1,707,880,970						
1968D	2,886,269,600						
1968S	261,311,507						
1969	1,136,910,000						
1969D	4,002,832,200						
1969S	547,309,631						
1970	1,898,315,000						
1970D	2,891,438,900						
1970S Small date 1970S Large date	693,192,814						

SMALL CENTS

Date	Quantity Minted	EF-40	AU-50	MS-60	MS-63	MS-65	Prf-65
1971	1,919,490,000						
1971D	2,911,045,600						
1971S	528,354,192						
1972	2,933,255,000						
1972D	2,665,071,400						
1972S	380,200,104						
1973	3,728,245,000						
1973D	3,549,576,588						
1973S	319,937,634						
1974	4,232,140,523						
1974D	4,235,098,000						
1974S	412,039,228						
1975	5,451,476,142						
1975D	4,505,275,300						
1975S proof	2,845,450						
1976	4,674,292,426						
1976D	4,221,592,455						
1976S proof	4,149,730						
1977	4,469,930,000						
1977D	4,194,062,300						
1977S proof	3,251,152						
1978	5,558,605,000						
1978D	4,280,233,400						
1978S proof	3,127,781						
1979	6,018,515,000						
1979D	4,139,357,254						
1979S proof	3,677,175						
1980	7,414,705,000						
1980D	5,140,098,660						
1980S proof	3,554,806						
1981	7,491,750,000						
1981D	5,373,235,677						
1981S proof	4,063,083						
Copper							
1982 Lg. date	10,712,525,000						
1982 Sm. date							
1982D Lg. date	6,012,979,368						
1982S proof	3,857,479						
Copper Plated Zinc							
1982 Lg. date	inc. above						
1982 Sm. date							

SMALL CENTS

Date	Quantity Minted	MS-60	MS-63	MS-65	Prf-65
1982D Lg. date	inc. above				
1982D Sm. date					
1983	7,752,355,000				
1983D	6,467,199,428				
1983S proof	3,279,126				
1984	8,151,079,000				
1984D	5,569,238,906				
1984S proof	3,065,110				
1985	5,648,489,887				
1985D	5,287,399,926				
1985S proof	3,362,821				
1986	4,491,395,493				
1986D	4,442,866,698				
1986S proof	3,010,497				
1987	4,682,466,931				
1987D	4,879,389,514				
1987S proof	(4,227,728)				
1988	6,092,810,000				
1988D	5,253,740,443				
1988S proof	(3,262,948)				
1989	7,261,535,000				
1989D	5,345,467,111				
1989S proof	(3,220,194)				
1990	6,851,765,000				
1990D	4,922,894,553				
1990S proof	(3,299,559)				
1991	5,165,940,000				
1991D	4,158,442,070				
1991S proof	(2,867,787)				
1992	4,648,905,000				
1992D	4,448,673,300				
1992S proof	4,176,560				
1993	5,684,705,000				
1993D	6,426,650,571				
1993S proof	(3,394,792)				
1994	6,500,850,000				
1994D	7,131,765,000				
1994S proof	(3,269,923)				
1995	6,411,440,000				
1995D	7,128,560,000				
1995S proof	(2,797,481)				
1996	6,612,465,000				

SMALL CENTS

Date	Quantity Minted	MS-60	MS-63	MS-65	Prf-65
1996D	6,510,795,000				
1996S proof	(2,525,265)				
1997	4,622,800,000				
1997D	4,576,555,000				
1997S proof	(2,796,678)				
1998	5,032,155,000				
1998D	5,225,353,500				
1998S proof					
1999	5,237,600,000				
1999D	6,360,065,000				
1999S proof					
2000	5,503,200,000				
2000D	8,774,220,000				
2000S proof					
2001	4,959,600,000				
2001D	5,374,990,000				
2001S					
2002					
2002D					
2002S proof					

TWO-CENT PIECES

Date	Quantity Minted	G-4	VG-8	F-12	EF-40	MS-60	Prf-63
1864 Small Motto	19,847,500						
1864 Large Motto							
1865	13,640,000						
1866	3,177,000						
1867	2,938,750						
1868	2,803,750						
1869	1,546,500						
1870	861,250						
1871	721,250						
1872	65,000						
1873 proofs only	est. (1,100)						

SILVER THREE-CENTS

Date	Quantity Minted	G-4	VG-8	F-12	EF-40	MS-60	Prf-63
1851	5,447,400						
1851O	720,000						
1852	18,663,500						
1853	11,400,000						
1854	671,000						
1855	139,000						
1856	1,458,000						
1857	1,042,000						
1858	1,604,000						
1859	365,000						
1860	287,000						
1861	498,000						
1862	343,550						
1863	21,460						
1864	12,470						
1865	8,500						
1866	22,725						
1867	4,625						
1868	4,100						
1869	5,100						
1870	4,000						
1871	4,360						
1872	1,950						
1873 proofs only	600						

NICKEL THREE-CENT PIECES

Date	Quantity Minted	VG-8	F-12	VF-40	EF-40	MS-60	Prf-63
1865	11,382,000						
1866	4,801,000						

NICKEL THREE-CENT PIECES

Date	Quantity Minted	VG-8	F-12	VF-40	EF-40	MS-60	Prf-63
1867	3,915,000						
1868	3,252,000						
1869	1,604,000						
1870	1,335,000						
1871	604,000						
1872	862,000						
1873	1,173,000						
1874	790,000						
1875	228,000						
1876	162,000						
1877 proofs only	510						
1878 proofs only	2,350						
1879	41,200						
1880	24,955						
1881	1,080,575						
1882	25,300						
1883	10,609						
1884	5,642						
1885	4,790						
1886 proofs only	4,290						
1887	7,961						
1887 over 86 prfs only	———						
1888	41,083						
1889	21,561						

FIVE-CENT NICKELS

Date	Quantity Minted	VG-8	F-12	VF-20	EF-40	MS-60	Prf-60
1866 Rays	14,742,500						
1867 Rays 1867 No Rays	30,909,500						
1868	28,817,000						
1869	16,395,000						
1870	4,806,000						
1871	561,000						

NICKELS

Date	Quantity Minted	VG-8	F-12	VF-20	EF-40	MS-60	Prf-60
1872	6,036,000						
1873	4,550,000						
1874	3,538,000						
1875	2,097,000						
1876	2,530,000						
1877 proofs only	510						
1878 proofs only	2,350						
1879	29,100						
1880	19,955						
1881	72,375						
1882	11,476,000						
1883	1,456,919						

Date	Quantity Minted	VG-8	F-12	VF-20	EF-40	MS-60	Prf-60
1883 No Cents	5,479,519						
1883 Cents	16,032,983						
1884	11,273,942						
1885	1,476,490						
1886	3,330,290						
1887	15,263,652						
1888	10,720,483						
1889	15,881,361						
1890	16,259,272						
1891	16,834,350						
1892	11,699,642						
1893	13,370,195						
1894	5,413,132						
1895	9,979,884						
1896	8,842,920						
1897	20,428,735						
1898	12,532,087						
1899	26,029,031						
1900	27,255,995						
1901	26,480,213						
1902	31,489,579						
1903	28,006,725						
1904	21,404,984						

NICKELS

Date	Quantity Minted	VG-8	F-12	VF-20	EF-40	MS-60	Prf-60
1905	29,827,276						
1906	38,613,725						
1907	39,214,800						
1908	22,686,177						
1909	11,590,526						
1910	30,169,353						
1911	39,559,372						
1912	26,236,714						
1912D	8,474,000						
1912S	238,000						

Var. 1   Var. 2

Date	Quantity Minted	VG-8	F-12	VF-20	EF-40	MS-60	Prf-60
1913 Var. 1	30,993,520						
1913 Var. 2	29,858,700						
1913D Var. 1	5,337,000						
1913D Var. 2	4,156,000						
1913S Var. 1	2,105,000						
1913S Var. 2	1,209,000						
1914	20,665,738						
1914D	3,912,000						
1914S	3,470,000						
1915	20,987,270						
1915D	7,569,000						
1915S	1,505,000						
1916	63,498,066						
1916D	13,333,000						
1916S	11,860,000						
1917	51,424,019						
1917D	9,910,000						
1917S	4,193,000						
1918	32,086,314						
1918D 1918D over 7	8,362,000						
1918S	4,882,000						
1919	60,868,000						
1919D	8,006,000						

NICKELS

Date	Quantity Minted	VG-8	F-12	VF-20	EF-40	MS-63	Prf-65
1919S	7,521,000						
1920	63,093,000						
1920D	9,418,000						
1920S	9,689,000						
1921	10,663,000						
1921S	1,557,000						
1923	35,715,000						
1923S	6,142,000						
1924	21,620,000						
1924D	5,258,000						
1924S	1,437,000						
1925	35,565,100						
1925D	4,450,000						
1925S	6,256,000						
1926	44,693,000						
1926D	5,638,000						
1926S	970,000						
1927	37,981,000						
1927D	5,730,000						
1927S	3,430,000						
1928	23,411,000						
1928D	6,436,000						
1928S	6,936,000						
1929	36,446,000						
1929D	8,370,000						
1929S	7,754,000						
1930	22,849,000						
1930S	5,435,000						
1931S	1,200,000						
1934	20,213,003						
1934D	7,480,000						
1935	58,264,000						
1935D	12,092,000						
1935S	10,300,000						
1936	119,001,420						
1936D	24,814,000						
1936S	14,930,000						
1937	79,485,769						
1937D 1937D 3 Legged	17,826,000						
1937S	5,635,000						
1938D	7,020,000						

NICKELS

Date	Quantity Minted	VG-8	F-12	VF-20	EF-40	MS-63	Prf-65
1938	19,515,365						
1938D	5,376,000						
1938S	4,105,000						
1939	120,627,535						
1939D	3,514,000						
1939S	6,630,000						
1940	176,499,158						
1940D	43,540,000						
1940S	39,690,000						
1941	203,283,720						
1941D	53,432,000						
1941S	43,445,000						
1942	49,818,600						
1942D	13,938,000						

War Time Silver Five Cents

Date	Quantity Minted	VG-8	F-12	VF-20	EF-40	MS-63	Prf-65
1942P	57,900,600						
1942S	32,900,000						
1943P	271,165,000						
1943D	15,294,000						
1943S	104,060,000						
1944P	119,150,000						
1944D	32,309,000						
1944S	21,640,000						
1945P	119,408,100						
1945D	37,158,000						
1945S	58,939,000						

Regular Pre-war Type

Date	Quantity Minted	VG-8	F-12	VF-20	EF-40	MS-63	Prf-65
1946	161,116,000						
1946D	45,292,200						
1946S	13,560,000						
1947	95,000,000						
1947D	37,882,000						
1947S	24,720,000						

NICKELS

Date	Quantity Minted			VF-20	EF-40	AU-50	MS-63	Prf-65
1948	89,348,000							
1948D	44,734,000							
1948S	11,300,000							
1949	60,652,000							
1949D	36,498,000							
1949S	9,716,000							
1950	9,847,386							
1950D	2,630,030							
1951	28,609,500							
1951D	20,460,000							
1951S	7,776,000							
1952	64,069,980							
1952D	30,638,000							
1952S	20,572,000							
1953	46,772,800							
1953D	59,878,600							
1953S	19,210,900							
1954	47,917,350							
1954D	117,183,060							
1954S	29,384,000							
1955	8,266,200							
1955D	74,464,100							
1956	35,885,384							
1956D	67,222,940							
1957	39,655,952							
1957D	136,828,900							
1958	17,963,652							
1958D	168,249,120							
1959	28,397,291							
1959D	160,738,240							
1960	57,107,602							
1960D	192,582,180							
1961	76,668,244							
1961D	229,342,760							
1962	100,602,019							
1962D	280,195,720							
1963	178,851,645							
1963D	276,829,460							
1964	1,028,622,762							
1964D	1,787,297,160							
1965	136,131,380							
1966	156,208,238							

NICKELS

Date	Quantity Minted		VF-20	EF-40	AU-50	MS-63	Prf-65
1967	107,325,800						
1968D	91,227,880						
1968S	103,437,510						
1969D	202,807,500						
1969S	123,009,631						
1970D	515,485,380						
1970S	241,464,814						
1971	106,884,000						
1971D	316,144,800						
1971S proof	3,220,733						
1972	202,036,000						
1972D	351,694,600						
1972S proof	3,260,996						
1973	384,396,000						
1973D	261,405,000						
1973S proof	2,760,339						
1974	601,752,000						
1974D	277,373,000						
1974S proof	2,612,568						
1975	181,772,000						
1975D	401,875,300						
1975S proof	2,845,450						
1976	367,124,000						
1976D	563,964,147						
1976S proof	4,149,730						
1977	585,376,000						
1977D	297,313,422						
1977S proof	3,251,152						
1978	391,308,000						
1978D	313,092,780						
1978S proof	3,127,781						
1979	463,188,000						
1979D	325,867,672						
1979S proof	3,677,175						
1980P	593,004,000						
1980D	502,323,448						
1980S proof	3,554,806						
1981P	657,504,000						
1981D	364,801,843						
1981S proof	4,063,083						
1982P	292,355,000						
1982D	373,726,544						

NICKELS

Date	Quantity Minted			EF-40	AU-50	MS-60	MS-63	Prf-65
1982S proof	3,857,479							
1983P	561,615,000							
1983D	536,726,276							
1983S proof	3,279,126							
1984P	746,769,000							
1984D	517,675,146							
1984S proof	3,065,110							
1985P	647,114,962							
1985D	459,747,446							
1985S proof	3,362,821							
1986P	536,883,483							
1986D	361,819,140							
1986S proof	3,010,497							
1987P	371,499,481							
1987D	410,590,604							
1987S proof	(4,227,728)							
1988P	771,360,000							
1988D	663,771,652							
1988S proof	(3,262,948)							
1989P	898,812,000							
1989D	570,842,474							
1989S proof	(3,220,194)							
1990P	661,636,000							
1990D	663,938,503							
1990S proof	(3,299,559)							
1991P	614,104,000							
1991D	436,496,678							
1991S proof	(2,867,787)							
1992P	399,552,000							
1992D	450,565,113							
1992S proof	(4,176,560)							
1993P	412,076,000							
1993D	406,084,135							
1993S proof	(3,394,792)							
1994P	722,160,000							
1994P Special Unc.	167,703							
1994D	715,762,110							
1994S proof	(3,269,923)							
1995P	774,156,000							
1995D	888,112,000							
1995S proof	(2,797,481)							
1996P	829,332,000							

NICKELS

Date	Quantity Minted			EF-40	AU-50	MS-60	MS-63	Prf-65
1996D	817,736,000							
1996S proof	(2,525,265)							
1997P	470,972,000							
1997P Special Unc.	25,000							
1997D	466,640,000							
1997S proof	(2,796,678)							
1998P	688,272,000							
1998D	635,360,000							
1998S proof								
1999P	1,212,000,000							
1999D	1,066,720,000							
1999S proof								
2000P	846,240,000							
2000D	1,509,520,000							
2000S proof								
2001P	675,704,000							
2001D	627,680,000							
2001S proof								
2002P								
2002D								
2002S proof								

HALF DIMES

Date	Quantity Minted	G-4	VG-8	F-12	VF-20	EF-40	MS-60
1794	86,416						
1795							

| 1796 | 10,230 | | | | | | |
| 1797 | 44,527 | | | | | | |

HALF DIMES

Date	Quantity Minted	G-4	VG-8	F-12	VF-20	EF-40	MS-60
1800	24,000						
1800 Liberty var.	16,000						
1801	27,760						
1802	3,060						
1803	37,850						
1805	15,600						

1829	1,230,000						
1830	1,240,000						
1831	1,242,700						
1932	965,000						
1833	1,370,000						
1834	1,480,000						
1835	2,760,000						
1836	1,900,000						
1837	871,000						

1837 No Stars	1,405,000						
1838O No stars	70,000						
1838 with stars	2,255,000						
1839	1,069,150						
1839O	1,034,039						
1840	1,034,000						
1840O	935,000						
1841	1,150,000						
1841O	815,000						

HALF DIMES

Date	Quantity Minted	VG-8	F-12	VF-20	EF-40	MS-60	Prf-60
1842	815,000						
1842O	350,000						
1843	1,165,000						
1844	430,000						
1844O	220,000						
1845	1,564,000						
1846	27,000						
1847	1,274,000						
1848	668,000						
1848O	600,000						
1849	1,309,000						
1849O	140,000						
1850	955,000						
1850O	690,000						
1851	781,000						
1851O	860,000						
1852	1,000,500						
1852O	260,000						
1853 Arrows	13,210,020						
1853 No Arrows	135,000						
1853O Arrows	2,200,000						
1853O No Arrows	160,000						
1854 Arrows	5,740,000						
1854O Arrows	1,560,000						
1855 Arrows	1,750,000						
1855O Arrows	600,000						
1856 No Arrows	4,880,000						
1856O	1,100,000						
1857	7,280,000						
1857O	1,380,000						
1858	3,500,000						
1858O	1,660,000						
1859	340,000						
1859O	560,000						

| 1860 Legend | 799,000 | | | | | | |
| 1860O | 1,060,000 | | | | | | |

HALF DIMES

Date	Quantity Minted	VG-8	F-12	VF-20	EF-40	MS-60	Prf-60
1861	3,361,000						
1862	1,492,550						
1863	18,460						
1863S	100,000						
1864	48,470						
1864S	90,000						
1865	13,500						
1865S	120,000						
1866	10,725						
1866S	120,000						
1867	8,625						
1867S	120,000						
1868	89,200						
1868S	280,000						
1869	208,600						
1869S	230,000						
1870	536,000						
1871	1,873,960						
1871S	161,000						
1872	2,947,950						
1872S	837,000						
1873	712,600						
1873S	324,000						

DIMES

Date	Quantity Minted	G-4	VG-8	F-12	VF-20	EF-40	MS-60
1796	22,135						
1797 16 Stars 1797 13 Stars	25,261						
1798 1798 over 97	27,550						

DIMES

Date	Quantity Minted	G-4	VG-8	F-12	VF-20	EF-40	MS-60
1800	21,760						
1801	34,640						
1802	10,975						
1803	33,040						
1804	8,265						
1805	120,780						
1807	165,000						

Date	Quantity Minted	G-4	VG-8	F-12	VF-20	EF-40	MS-60
1809	51,065						
1811 over 09	65,180						
1814	421,500						
1820	942,587						
1821	1,186,512						
1822	100,000						
1823	440,000						
1824 over 22	———						
1825	510,000						
1827	1,215,000						
1828 Large Date 1828 Small Date	125,000						
1829	770,000						
1830	510,000						
1831	771,350						
1832	522,500						
1833	485,000						
1834	635,000						
1835	1,410,000						
1836	1,190,000						
1837	359,500						

DIMES

Date	Quantity Minted	G-4	VG-8	F-12	VF-20	EF-40	MS-60
No Stars on Obverse							
1837	682,500						
1838O	406,034						
Stars on Obverse							
1838	1,992,500						
1839	1,053,115						
1839O	1,323,000						
1840 No Drapery	981,500						
1840O	1,175,000						
1840 Drapery	377,500						
1841	1,622,500						
1841O	2,007,500						
1842	1,887,500						
1842O	2,020,000						
1843	1,370,000						
1843O	150,000						
1844	72,500						
1845	1,755,000						
1845O	230,000						
1846	31,300						
1847	245,000						
1848	451,500						
1849	839,000						
1849O	300,000						
1850	1,931,500						
1850O	510,000						
1851	1,026,500						
1851O	400,000						
1852	1,535,500						
1852O	430,000						
1853 No Arrows	95,000						
1853 Arrows	12,078,010						
1853O	1,100,000						
1854	4,470,000						

DIMES

Date	Quantity Minted	VG-8	F-12	VF-20	EF-40	MS-60	Prf-60
1854O	1,770,000						
1855	2,075,000						
1856	5,780,000						
1856O	1,180,000						
1856S	70,000						
1857	5,580,000						
1857O	1,540,000						
1858	1,540,000						
1858O	290,000						
1858S	60,000						
1859	430,000						
1859O	480,000						
1859S	60,000						
1860S	140,000						

Legend Replaces Stars

Date	Quantity Minted	VG-8	F-12	VF-20	EF-40	MS-60	Prf-60
1860	607,000						
1860O	40,000						
1861	1,884,000						
1861S	172,500						
1862	847,550						
1862S	180,750						
1863	14,460						
1863S	157,500						
1864	11,470						
1864S	230,000						
1865	10,500						
1865S	175,000						
1866	8,725						
1866S	135,000						
1867	6,625						
1867S	140,000						
1868	464,600						
1868S	260,000						
1869	256,600						
1869S	450,000						
1870	471,500						
1870S	50,000						
1871	907,710						
1871CC	20,100						
1871S	320,000						
1872	2,396,450						

DIMES

Date	Quantity Minted	VG-8	F-12	VF-20	EF-40	MS-60	Prf-60
1872CC	35,480						
1872S	190,000						
1873 No Arrows	1,568,000						
1873 Arrows	2,378,500						
1873CC No Arrows	12,400						
1873CC Arrows	18,791						
1873S Arrows	455,000						
1874 Arrows	2,940,000						
1874CC Arrows	10,817						
1874S Arrow	240,000						
1875	10,350,700						
1875CC	4,645,000						
1875S	9,070,000						
1876	11,461,150						
1876CC	8,270,000						
1876S	10,420,000						
1877	7,310,510						
1877CC	7,700,000						
1877S	2,340,000						
1878	1,678,000						
1878CC	200,000						
1879	15,100						
1880	37,355						
1881	24,975						
1882	3,911,100						
1883	7,675,712						
1884	3,366,380						
1884S	564,969						
1885	2,533,427						
1885S	43,690						
1886	6,377,570						
1886S	206,524						
1887	11,283,939						
1887S	4,454,450						
1888	5,496,487						
1888S	1,720,000						
1889	7,380,711						
1889S	972,678						
1890	9,911,541						
1890S	1,423,076						
1891	15,310,600						
1891O	4,540,000						
1891S	3,196,116						

DIMES

Date	Quantity Minted	VG-8	F-12	VF-20	EF-40	MS-60	Prf-63
1892	12,121,245						
1892O	3,841,700						
1892S	990,710						
1893	3,340,792						
1893O	1,760,000						
1893S	2,491,401						
1894	1,330,972						
1894O	720,000						
1894S	24						
1895	690,880						
1895O	440,000						
1895S	1,120,000						
1896	2,000,762						
1896O	610,000						
1896S	575,056						
1897	10,869,264						
1897O	666,000						
1897S	1,342,844						
1898	16,320,735						
1898O	2,130,000						
1898S	1,702,507						
1899	19,580,846						
1899O	2,650,000						
1899S	1,867,493						
1900	17,600,912						
1900O	2,010,000						
1900S	5,168,270						
1901	18,860,478						
1901O	5,620,000						
1901S	593,022						
1902	21,380,777						
1902O	4,500,000						
1902S	2,070,000						
1903	19,500,755						
1903O	8,180,000						

DIMES

Date	Quantity Minted	VG-8	F-12	VF-20	EF-40	MS-60	Prf-63
1903S	613,300						
1904	14,601,027						
1904S	800,000						
1905	14,552,350						
1905O	3,400,000						
1905S	6,855,199						
1906	19,958,406						
1906D	4,060,000						
1906O	2,610,000						
1906S	3,136,640						
1907	22,220,575						
1907D	4,080,000						
1907O	5,058,000						
1907S	3,178,470						
1908	10,600,545						
1908D	7,490,000						
1908O	1,789,000						
1908S	3,220,000						
1909	10,240,650						
1909D	954,000						
1909O	2,287,000						
1909S	1,000,000						
1910	11,520,551						
1910D	3,490,000						
1910S	1,240,000						
1911	18,870,543						
1911D	11,209,000						
1911S	3,520,000						
1912	19,350,000						
1912D	11,760,000						
1912S	3,420,000						
1913	19,760,622						
1913S	510,000						
1914	17,360,655						
1914D	11,908,000						
1914S	2,100,000						
1915	5,620,450						
1915S	960,000						
1916	18,490,000						
1916S	5,820,000						

Date	Quantity Minted	VG-8	F-12	VF-20	EF-40	MS-60	MS-65	Prf-65
1916	22,180,080							
1916D	264,000							
1916S	10,450,000							
1917	55,230,000							
1917D	9,402,000							
1917S	27,330,000							
1918	26,680,000							
1918D	22,674,800							
1918S	19,300,000							
1919	35,740,000							
1919D	9,939,000							
1919S	8,850,000							
1920	59,030,000							
1920D	19,171,000							
1920S	13,820,000							
1921	1,230,000							
1921D	1,080,000							
1923	50,130,000							
1923S	6,440,000							
1924	24,010,000							
1924D	6,810,000							
1924S	7,120,000							
1925	25,610,000							
1925D	5,117,000							
1925S	5,850,000							
1926	32,160,000							
1926D	6,828,000							
1926S	1,520,000							
1927	28,080,000							
1927D	4,812,000							
1927S	4,770,000							
1928	19,480,000							
1928D	4,161,000							
1928S	7,400,000							
1929	25,970,000							
1929D	5,034,000							
1929S	4,730,000							

DIMES

Date	Quantity Minted	F-12	VF-20	EF-40	MS-60	MS-65	Prf-65
1930	6,770,000						
1930S	1,843,000						
1931	3,150,000						
1931D	1,260,000						
1931S	1,800,000						
1934	24,080,000						
1934D	6,772,000						
1935	58,830,000						
1935D	10,477,000						
1935S	15,840,000						
1936	87,504,130						
1936D	16,132,000						
1936S	9,210,000						
1937	56,865,756						
1937D	14,146,000						
1937S	9,740,000						
1938	22,198,728						
1938D	5,537,000						
1938S	8,090,000						
1939	67,749,321						
1939D	24,394,000						
1939S	10,540,000						
1940	65,361,827						
1940D	21,198,000						
1940S	21,560,000						
1941	175,106,557						
1941D	45,634,000						
1941S	43,090,000						
1942 1942, 2 over 1	205,432,329						
1942D 1942D, 2 over 1	60,740,000						
1942S	49,300,000						
1943	191,710,000						
1943D	71,949,000						
1943S	60,400,000						
1944	231,410,000						
1944D	62,224,000						
1944S	49,490,000						
1945	159,130,000						
1945D	40,245,000						
1945S	41,920,000						

DIMES

Date	Quantity Minted	F-12	VF-20	EF-40	MS-60	MS-65	Prf-65
1946	255,250,000						
1946D	61,043,500						
1946S	27,900,000						
1947	121,520,000						
1947D	46,835,000						
1947S	34,840,000						
1948	74,950,000						
1948D	52,841,000						
1948S	35,520,000						
1949	30,940,000						
1949D	26,034,000						
1949S	13,510,000						
1950	50,181,500						
1950D	46,803,000						
1950S	20,440,000						
1951	103,937,602						
1951D	56,529,000						
1951S	31,630,000						
1952	99,122,073						
1952D	122,100,000						
1952S	44,419,500						
1953	53,618,920						
1953D	136,433,000						
1953S	39,180,000						
1954	114,243,503						
1954D	106,397,000						
1954S	22,860,000						
1955	12,828,381						
1955D	13,959,000						
1955S	18,510,000						
1956	109,309,384						
1956D	108,015,100						
1957	161,407,952						
1957D	113,354,330						
1958	32,785,652						
1958D	136,564,600						

DIMES

Date	Quantity Minted	EF-40	AU-50	MS-60	MS-63	MS-65	Prf-65
1959	86,929,291						
1959D	164,919,790						
1960	72,081,602						
1960D	200,160,400						
1961	96,758,244						
1961D	209,146,550						
1962	75,668,019						
1962D	334,948,380						
1963	126,725,645						
1963D	421,476,530						
1964	933,310,762						
1964D	1,357,517,180						
1965	1,652,140,570						
1966	1,382,734,540						
1967	2,244,007,320						
1968	424,470,400						
1968D	480,748,280						
1968S proof	3,041,506						
1969	145,790,000						
1969D	563,323,870						
1969S proof	2,934,631						
1970	345,570,000						
1970D	754,942,100						
1970S proof	2,632,810						
1971	162,690,000						
1971D	377,914,240						
1971S proof	3,220,733						
1972	431,540,000						
1972D	330,290,000						
1972S proof	3,260,996						
1973	315,670,000						
1973D	455,032,426						
1973S proof	2,760,339						
1974	470,248,000						
1974D	571,083,000						
1974S proof	2,612,568						
1975	585,673,900						
1975D	313,705,300						
1975S proof	2,845,450						
1976	568,760,000						
1976D	695,222,774						
1976S proof	4,149,730						

DIMES

Date	Quantity Minted	AU-50	MS-60	MS-63	MS-65	Prf-65
1977	796,930,000					
1977D	376,607,228					
1977S proof	3,251,152					
1978	663,980,000					
1978D	282,847,540					
1978S proof	3,127,781					
1979	315,440,000					
1979D	390,921,184					
1979S proof	3,677,175					
1980P	735,170,000					
1980D	719,354,321					
1980S proof	3,554,806					
1981P	676,650,000					
1981D	712,284,143					
1981S proof	4,063,083					
1982 (no m.m.) 1982P	519,475,000					
1982D	542,713,584					
1982S proof	3,857,479					
1983P	647,025,000					
1983D	730,129,224					
1983S proof	3,279,126					
1984P	856,669,000					
1984D	704,803,976					
1984S proof	3,065,110					
1985P	705,200,962					
1985D	587,979,970					
1985S proof	3,362,821					
1986P	682,649,693					
1986D	473,326,970					
1986S proof	3,010,497					
1987P	762,704,481					
1987D	653,203,402					
1987S proof	(4,227,728)					
1988P	1,030,550,000					
1988D	962,385,489					
1988S proof	(3,262,948)					
1989P	1,298,400,000					
1989D	896,535,597					
1989S proof	(3,220,194)					
1990P	1,034,340,000					
1990D	839,995,824					

DIMES

Date	Quantity Minted	AU-50	MS-60	MS-63	MS-65	Prf-65
1990S proof	(3,299,559)					
1991P	927,220,000					
1991D	601,241,114					
1991S proof	(2,867,787)					
1992P	593,500,000					
1992D	616,273,932					
1992S proof	(2,858,981)					
1992S silver proof	1,317,579					
1993P	766,180,000					
1993D	750,110,166					
1993S proof	(2,633,439)					
1993S silver proof	(761,353)					
1994P	1,189,000,000					
1994D	1,303,268,110					
1994S proof	(2,484,594)					
1994S silver proof	(785,329)					
1995P	1,125,500,000					
1995D	1,274,890,000					
1995S proof	(2,117,496)					
1995S silver proof	(679,985)					
1996P	1,421,163,000					
1996D	1,400,300,000					
1996W	1,457,000					
1996S proof	(1,750,244)					
1996S silver proof	(775,021)					
1997P	991,640,000					
1997D	979,810,000					
1997S proof	(2,055,000)					
1997S silver proof	(741,678)					
1998P	1,163,000,000					
1998D	1,172,250,000					
1998S proof						
1998S silver proof	(878,792)					
1999P	2,164,000,000					
1999D	1,397,750,000					
1999S proof						
1999S silver proof	(800,000)					
2000P	1,842,500,000					
2000D	1,818,700,000					
2000S proof	(2,968,900)					
2000S silver proof	(856,400)					

TWENTY-CENT PIECES

Date	Quantity Minted	G-4	VG-8	F-12	VF-20	EF-40	MS-60
1875	39,700						
1875CC	133,290						
1875S	1,155,000						
1876	15,900						
1876CC	10,000						
1877 proofs only	350						
1878 proofs only	600						

QUARTER DOLLARS

1796	6,146						
1804	6,738						
1805	121,395						
1806	206,124						
1806 over 05							
1807	220,643						

1815	89,235						
1818	361,174						
1818 over 15							
1819	144,000						

QUARTERS

Date	Quantity Minted	G-4	VG-8	F-12	VF-20	EF-40	MS-60
1820	127,444						
1821	216,851						
1822	64,080						
1822 25 over 50¢							
1823 over 22	17,800						
1824							
1825	168,000						
1825 over date							
1827	4,000						
1828	102,000						
1828 25 over 50¢							

Reduced Size

Date	Quantity Minted	G-4	VG-8	F-12	VF-20	EF-40	MS-60
1831	398,000						
1832	320,000						
1833	156,000						
1834	286,000						
1835	1,952,000						
1836	472,000						
1837	252,400						
1838	366,000						

Date	Quantity Minted	G-4	VG-8	F-12	VF-20	EF-40	MS-60
1838	466,000						
1839	491,146						
1840O No Drapery	382,200						
1840 Drapery	188,127						
1840O	43,000						
1841	120,000						
1841O	452,000						
1842	88,000						
1842O	769,000						
1843	645,600						
1843O	968,000						
1844	421,200						
1844O	740,000						

QUARTERS

Date	Quantity Minted	G-4	VG-8	F-12	VF-20	EF-40	MS-60
1845	922,000						
1846	510,000						
1847	734,000						
1847O	368,000						
1848	146,000						
1849	340,000						
1849O	———						
1850	190,800						
1850O	412,000						
1851	160,000						
1851O	88,000						
1852	177,060						
1852O	96,000						
1853 No Arrs.-Rays	44,200						
1853 Arrows-Rays	15,210,020						
1853O Arrows-Rays	1,332,000						
1854	12,380,000						
1854O	1,484,000						
1855	2,857,000						
1855O	176,000						
1855S	396,400						
1856	7,264,000						
1856O	968,000						
1856S	286,000						
1857	9,644,000						
1857O	1,180,000						
1857S	82,000						
1858	7,368,000						
1858O	520,000						
1858S	121,000						
1859	1,344,000						
1859O	260,000						
1859S	80,000						
1860	805,400						
1860O	388,000						
1860S	56,000						
1861	4,854,600						
1861S	96,000						
1862	932,550						
1862S	67,000						
1863	192,060						
1864	94,070						

QUARTERS

Date	Quantity Minted	VG-8	F-12	VF-20	EF-40	MS-60	Prf-60
1864S	20,000						
1865	59,300						
1865S	41,000						

Motto Over

Date	Quantity Minted	VG-8	F-12	VF-20	EF-40	MS-60	Prf-60
1866	17,525						
1866S	28,000						
1867	20,625						
1867S	48,000						
1868	30,000						
1868S	96,000						
1869	16,600						
1869S	76,000						
1870	87,400						
1870CC	8,340						
1871	119,160						
1871CC	10,890						
1871S	30,900						
1872	182,950						
1872CC	22,850						
1872S	83,000						
1873 No Arrows	212,600						
1873 Arrows	1,271,700						
1873CC No Arrows	4,000						
1873CC Arrows	12,462						
1873S Arrows	156,000						
1874 Arrows	471,900						
1874S Arrows	392,000						
1875 No Arrows	4,293,500						
1875CC	140,000						
1875S	680,000						
1876	17,817,150						
1876CC	4,944,000						
1876S	8,596,000						
1877	10,911,710						
1877CC	4,192,000						
1877S	8,996,000						
1878	2,260,800						
1878CC	996,000						
1878S	140,000						
1879	14,700						
1880	14,955						

QUARTERS

Date	Quantity Minted	VG-8	F-12	VF-20	EF-40	MS-60	Prf-60
1881	12,975						
1882	16,300						
1883	15,439						
1884	8,875						
1885	14,530						
1886	5,886						
1887	10,710						
1888	10,833						
1888S	1,216,000						
1889	12,711						
1890	80,590						
1891	3,920,600						
1891O	68,000						
1891S	2,216,000						

		VG-8	F-12	VF-20	EF-40	MS-60	Prf-60
1892	8,237,246						
1892O	2,640,000						
1892S	964,079						
1893	5,444,815						
1893O	3,396,000						
1893S	1,454,535						
1894	3,432,972						
1894O	2,852,000						
1894S	2,648,821						
1895	4,440,880						
1895O	2,816,000						
1895S	1,764,681						
1896	3,874,762						
1896O	1,484,000						
1896S	188,039						
1897	8,140,731						
1897O	1,414,800						
1897S	542,229						
1898	11,100,735						
1898O	1,868,000						

Date	Quantity Minted	VG-8	F-12	VF-20	EF-40	MS-60	Prf-63
1898S	1,020,592						
1899	12,624,846						
1899O	2,644,000						
1899S	708,000						
1900	10,016,912						
1900O	3,416,000						
1900S	1,858,585						
1901	8,892,813						
1901O	1,612,000						
1901S	72,664						
1902	12,197,744						
1902O	4,748,000						
1902S	1,524,612						
1903	9,670,064						
1903O	3,500,000						
1903S	1,036,000						
1904	9,588,813						
1904O	2,456,000						
1905	4,968,250						
1905O	1,230,000						
1905S	1,884,000						
1906	3,656,435						
1906D	3,280,000						
1906O	2,056,000						
1907	7,192,575						
1907D	2,484,000						
1907O	4,560,000						
1907S	1,360,000						
1908	4,232,545						
1908D	5,788,000						
1908O	6,244,000						
1908S	784,000						
1909	9,268,650						
1909D	5,114,000						
1909O	712,000						
1909S	1,348,000						
1910	2,244,551						
1910D	1,500,000						
1911	3,720,543						
1911D	933,600						
1911S	988,000						
1912	4,400,700						

QUARTERS

Date	Quantity Minted	VG-8	F-12	VF-20	EF-40	MS-60	Prf-65
1912S	708,000						
1913	484,613						
1913D	1,450,800						
1913S	40,000						
1914	6,244,610						
1914D	3,046,000						
1914S	264,000						
1915	3,480,450						
1915D	3,694,000						
1915S	704,000						
1916	1,788,000						
1916D	6,540,888						

Date	Quantity Minted	VG-8	F-12	VF-20	EF-40	MS-60	Prf-65
1916 No stars	52,000						
1917 No stars	8,740,000						
1917D No stars	1,509,200						
1917S No stars	1,952,000						
1917 Stars	13,880,000						
1917D Stars	6,224,400						
1917S Stars	5,552,000						
1918	14,240,000						
1918D	7,380,000						
1918S 1918S 8 over 7	11,072,000						
1919	11,324,000						
1919D	1,944,000						
1919S	1,836,000						
1920	27,860,000						
1920D	3,586,400						
1920S	6,380,000						
1921	1,916,000						
1923	9,716,000						
1923S	1,360,000						
1924	10,920,000						
1924D	3,112,000						

QUARTERS

Date	Quantity Minted	G-4	VG-8	F-12	VF-20	EF-40	MS-60	Prf-60
1924S	2,860,000							
1925	12,280,000							
1926	11,316,000							
1926D	1,716,000							
1926S	2,700,000							
1927	11,912,000							
1927D	976,000							
1927S	396,000							
1928	6,336,000							
1928D	1,627,600							
1928S	2,644,000							
1929	11,140,000							
1929D	1,358,000							
1929S	1,764,000							
1930	5,632,000							
1930S	1,556,000							

1932	5,404,000							
1932D	436,800							
1932S	408,000							
1934	31,912,052							
1934D	3,527,200							
1935	32,484,000							
1935D	5,780,000							
1935S	5,660,000							
1936	41,303,837							
1936D	5,374,000							
1936S	3,828,000							
1937	19,701,542							
1937D	7,189,600							
1937S	1,652,000							
1938	9,480,045							
1938S	2,832,000							
1939	33,548,795							
1939D	7,092,000							

QUARTERS

Date	Quantity Minted	F-12	VF-20	EF-40	MS-60	MS-65	Prf-65
1939S	2,628,000						
1940	35,715,246						
1940D	2,797,600						
1940S	8,244,000						
1941	79,047,287						
1941D	16,714,800						
1941S	16,080,000						
1942	102,117,123						
1942D	17,487,200						
1942S	19,384,000						
1943	99,700,000						
1943D	16,095,600						
1943S	21,700,000						
1944	104,956,000						
1944D	14,600,800						
1944S	12,560,000						
1945	74,372,000						
1945D	12,341,600						
1945S	17,004,001						
1946	53,436,000						
1946D	9,072,800						
1946S	4,204,000						
1947	22,556,000						
1947D	15,338,400						
1947S	5,532,000						
1948	35,196,000						
1948D	16,776,800						
1948S	15,960,000						
1949	9,312,000						
1949D	10,068,400						
1950	24,971,512						
1950D	21,075,600						
1950S	10,284,004						
1951	43,505,602						
1951D	35,354,800						
1951S	9,048,000						
1952	38,862,073						
1952D	49,795,200						
1952S	13,707,800						
1953	18,664,920						
1953D	56,112,400						
1953S	14,016,000						
1954	54,645,503						

QUARTERS

Date	Quantity Minted	F-12	VF-20	EF-40	MS-60	MS-65	Prf-65
1954D	42,305,500						
1954S	11,834,722						
1955	18,558,381						
1955D	3,182,400						
1956	44,813,384						
1956D	32,334,500						
1957	47,779,952						
1957D	77,924,160						
1958	7,235,652						
1958D	78,124,900						
1959	25,533,291						
1959D	62,054,232						
1960	30,855,602						
1960D	63,000,324						
1961	40,064,244						
1961D	83,656,928						
1962	39,374,019						
1962D	127,554,756						
1963	77,391,645						
1963D	135,288,184						
1964	564,341,347						
1964D	704,135,528						
1965	1,819,717,540						
1966	821,101,500						
1967	1,524,031,848						
1968	220,731,500						
1968D	101,534,000						
1968S proof	3,041,506						
1969	176,212,000						
1969D	114,372,000						
1969S proof	2,934,631						
1970	136,420,000						
1970D	417,341,364						
1970S proof	2,632,810						
1971	109,284,000						
1971D	258,634,428						
1971S proof	3,220,733						
1972	215,048,000						
1972D	311,067,732						
1972S proof	3,260,996						
1973	346,924,000						
1973D	232,977,400						
1973S proof	2,760,339						

QUARTERS

Date	Quantity Minted	VF-20	EF-40	MS-60	MS-65	Prf-65
1974	801,456,000					
1974D	353,160,300					
1974S proof	2,612,568					

Bicentennial Type

Date	Quantity Minted	VF-20	EF-40	MS-60	MS-65	Prf-65
1976 cop.-nick.	809,784,016					
1976D cop.-nick.	860,118,839					
1976S cop.-nick.	7,059,099					
1976S silver-clad	15,000,000					

Eagle Reverse Resumed

Date	Quantity Minted	VF-20	EF-40	MS-60	MS-65	Prf-65
1977	468,556,000					
1977D	256,524,978					
1977S proof	3,251,152					
1978	521,452,000					
1978D	287,373,152					
1978S proof	3,127,781					
1979	515,708,000					
1979D	489,789,780					
1979S proof	3,677,175					
1980P	635,832,000					
1980D	518,327,487					
1980S proof	3,554,806					
1981P	601,716,000					
1981D	575,722,833					
1981S proof	4,063,083					
1982P	500,931,000					
1982D	480,042,788					
1982S proof	3,857,479					
1983P	673,535,000					
1983D	617,806,446					
1983S proof	3,279,126					
1984P	676,545,000					
1984D	546,483,064					
1984S proof	3,065,110					
1985P	775,818,962					
1985D	519,962,888					
1985S proof	3,362,821					
1986P	551,199,333					
1986D	504,298,660					
1986S proof	3,010,497					
1987P	582,499,481					

QUARTERS

Date	Quantity Minted	AU-50	MS-60	MS-65	Prf-65
1987D	655,594,696				
1987S proof	(4,227,728)				
1988P	562,052,000				
1988D	596,810,688				
1988S proof	(3,262,948)				
1989P	512,868,000				
1989D	896,535,597				
1989S proof	(3,220,194)				
1990P	613,792,000				
1990D	927,638,181				
1990S proof	(3,299,559)				
1991P	570,968,000				
1991D	630,966,693				
1991S proof	(2,867,787)				
1992P	384,764,000				
1992D	389,777,107				
1992S proof	(2,858,981)				
1992S silver proof	1,371,579				
1993P	639,276,000				
1993D	645,476,128				
1993S proof	(2,633,439)				
1993S silver proof	(761,353)				
1994P	825,600,000				
1994D	880,034,110				
1994S proof	(2,484,594)				
1994S silver proof	(785,329)				
1995P	1,004,336,000				
1995D	1,103,216,000				
1995S proof	(2,117,496)				
1995S silver proof	(679,985)				
1996P	925,040,000				
1996D	906,868,000				
1996S proof	(1,750,244)				
1996S silver proof	(775,021)				
1997P	595,740,000				
1997D	599,680,000				
1997S proof	(2,055,000)				
1997S silver proof	(741,678)				
1998P	896,268,000				
1998D	821,000,000				
1998S proof					
1998S silver proof	(878,792)				

Date	Quantity Minted				AU-50	MS-60	MS-65	Prf-65
Statehood Quarters Dollars								
1999P, Delaware	373,400,000							
1999D, Delaware	401,424,000							
1999S proof, Delaware								
1999P, Pennsylvania	349,000,000							
1999D, Pennsylvania	358,332,000							
1999S proof, Pennsylvania								
1999P, New Jersey	363,200,000							
1999D, New Jersey	299,028,000							
1999S proof, New Jersey								
1999P, Georgia	451,188,000							
1999D, Georgia	488,744,000							
1999S proof, Georgia								
1999P, Connecticut	688,744,000							
1999D, Connecticut	657,880,000							
1999S proof, Connecticut								
2000P, Massachusetts	628,600,000							
2000D, Massachusetts	535,184,000							
2000S proof, Massachusetts	(937,600)							
2000P, Maryland	678,200,000							
2000D, Maryland	556,532,000							
2000S proof, Maryland	(937,600)							
2000P, South Carolina	742,576,000							
2000D, South Carolina	566,208,000							
2000S proof, South Carolina	(937,600)							
2000P, New Hampshire	673,040,000							
2000D, New Hampshire	495,976,000							
2000S proof, New Hampshire	(937,600)							
2000P, Virginia	943,000,000							
2000D, Virginia	651,616,000							
2000S proof, Virginia	(937,600)							

QUARTERS

Date	Quantity Minted		AU-50	MS-60	MS-65	Prf-65
2001P, New York	655,400,000					
2001D, New York	619,640,000					
2001S proof, New York						
2001P, North Carolina	627,600,000					
2001D, North Carolina	427,876,000					
2001S proof, North Carolina						
2001P, Rhode Island	423,000,000					
2001D, Rhode Island	447,100,000					
2001S proof, Rhode Island						
2001P, Vermont	423,400,000					
2001D, Vermont	459,404,000					
2001S proof, Vermont						
2001P, Kentucky	353,000,000					
2001D, Kentucky	370,564,000					
2001S proof, Kentucky						
2002P, Tennessee						
2002D, Tennessee						
2002S proof, Tennessee						
2002P, Ohio						
2002D, Ohio						
2002S proof, Ohio						
2002P, Louisiana						
2002D, Louisiana						
2002S proof, Louisiana						
2002P, Indiana						
2002D, Indiana						
2002S proof, Indiana						
2002P, Mississippi						
2002D, Mississippi						
2002S proof, Mississippi						
2003P, Illinois						
2003D, Illinois						
2003S proof, Illinois						
2003P, Alabama						
2003D, Alabama						
2003S proof, Alabama						
2003P, Maine						
2003D, Maine						
2003S proof, Maine						
2003P, Missouri						
2003D, Missouri						
2003S proof, Missouri						

QUARTERS

Date	Quantity Minted				AU-50	MS-60	MS-65	Prf-65
2003P, Arkansas								
2003D, Arkansas								
2003S proof, Arkansas								
2004P, Michigan								
2004D, Michigan								
2004S proof, Michigan								
2004P, Florida								
2004D, Florida								
2004S proof, Florida								
2004P, Texas								
2004D, Texas								
2004S proof, Texas								
2004P, Iowa								
2004D, Iowa								
2004S proof, Iowa								
2004P, Wisconsin								
2004D, Wisconsin								
2004S proof, Wisconsin								
2005P, California								
2005D, California								
2005S proof, California								
2005P, Minnesota								
2005D, Minnesota								
2005S proof, Minnesota								
2005P, Oregon								
2005D, Oregon								
2005S proof, Oregon								
2005P, Kansas								
2005D, Kansas								
2005S proof, Kansas								
2005P, West Virginia								
2005D, West Virginia								
2005S proof, West Virginia								
2006P, Nevada								
2006D, Nevada								
2006S proof, Nevada								
2006P, Nebraska								
2006D, Nebraska								
2006S proof, Nebraska								
2006P, Colorado								
2006D, Colorado								
2006S proof, Colorado								

QUARTERS

Date	Quantity Minted			AU-50	MS-60	MS-65	Prf-65
2006P, North Dakota							
2006D, North Dakota							
2006S proof, North Dakota							
2006P, South Dakota							
2006D, South Dakota							
2006S proof, South Dakota							
2007P, Montana							
2007D, Montana							
2007S proof, Montana							
2007P, Washington							
2007D, Washington							
2007S proof, Washington							
2007P, Idaho							
2007D, Idaho							
2007S proof, Idaho							
2007P, Wyoming							
2007D, Wyoming							
2007S proof, Wyoming							
2007P, Utah							
2007D, Utah							
2007S proof, Utah							
2008P, Oklahoma							
2008D, Oklahoma							
2008S proof, Oklahoma							
2008P, New Mexico							
2008D, New Mexico							
2008S proof, New Mexico							
2008P, Arizona							
2008D, Arizona							
2008S proof, Arizona							
2008P, Alaska							
2008D, Alaska							
2008S proof, Alaska							
2008P, Hawaii							
2008D, Hawaii							
2008S proof, Hawaii							

Date	Quantity Minted	AG-3	G-4	VG-8	F-12	VF-20	EF-40
1794	23,464						
1795	299,680						

Date	Quantity Minted	AG-3	G-4	VG-8	F-12	VF-20	EF-40
1796	3,918						
1797							

Heraldic Eagle

Date	Quantity Minted	AG-3	G-4	VG-8	F-12	VF-20	EF-40
1801	30,289						
1802	29,890						

Date	Quantity Minted	G-4	VG-8	F-12	VF-20	EF-40	MS-60
1803	188,234						
1805	211,722						
1805 over 4							
1806	839,576						
1806 over 5							
1806 over 9							
1807	301,076						

HALF DOLLARS

Date	Quantity Minted	G-4	VG-8	F-12	VF-20	EF-40	MS-60
1807	750,500						
1807 50 over 20¢							
1808	1,368,600						
1808 over 7							
1809	1,405,810						
1810	1,276,276						
1811	1,203,644						
1812	1,628,059						
1812 2 over 1							
1813	1,241,903						
1814	1,039,075						
1814 4 over 3							
1815 5 over 2	47,150						
1817	1,215,567						
1817 dated 181.7							
1817 over 13							
1818	1,960,322						
1818 8 over 7							
1819	2,208,000						
1819 9 over 8							
1820	751,122						
1820 over 19							
1821	1,305,797						
1822	1,559,573						
1822 2 over 1							
1823 normal date	1,694,200						
1823 date variety							
1824	3,504,954						
1824 4 over 1							
1824 4 over 4							
1825	2,943,166						

HALF DOLLARS

Date	Quantity Minted	G-4	VG-8	F-12	VF-20	EF-40	MS-60
1826	4,004,180						
1827 1827 7 over 6	5,493,400						
1828	3,075,200						
1829 1829 9 over 7	3,712,156						
1830	4,764,800						
1831	5,873,660						
1832	4,797,000						
1833	5,206,000						
1834	6,412,004						
1835	5,352,006						
1836 1836 50 over 00	6,545,000						

Reeded Edge

Date	Quantity Minted	G-4	VG-8	F-12	VF-20	EF-40	MS-60
1836	1,200						
1837	3,629,820						
1838	3,546,000						
1838O	————						
1839	1,392,976						
1839O	178,976						

Date	Quantity Minted	G-4	VG-8	F-12	VF-20	EF-40	MS-60
1839	1,972,400						
1840	1,435,008						
1840O	855,100						
1841	310,000						
1841O	401,000						
1842O Sm. date	203,000						
1842	2,012,764						
1842O	754,000						
1843	3,844,000						
1843O	2,268,000						

HALF DOLLARS

Date	Quantity Minted	G-4	VG-8	F-12	VF-20	EF-40	MS-60	Prf-60
1844	1,766,000							
1844O	2,005,000							
1845	589,000							
1845O	2,094,000							
1846 1846 over horiz. 6	2,210,000							
1846O	2,304,000							
1847 1847 over 6	1,156,000							
1847O	2,584,000							
1848	580,000							
1848O	3,180,000							
1849	1,252,000							
1849O	2,310,000							
1850	227,000							
1850O	2,456,000							
1851	200,750							
1851O	402,000							
1852	77,130							
1852O	144,000							

Arrows at Date

Date	Quantity Minted	G-4	VG-8	F-12	VF-20	EF-40	MS-60	Prf-60
1853	3,532,708							
1853O	1,328,000							
1854	2,982,000							
1854O	5,240,000							
1855	759,500							
1855 over 1854								
1855O	3,688,000							
1855S	129,950							

Arrows Removed

Date	Quantity Minted	G-4	VG-8	F-12	VF-20	EF-40	MS-60	Prf-60
1856	938,000							
1856O	2,658,000							
1856S	211,000							
1857	1,988,000							
1857O	818,000							
1857S	158,000							
1858	4,226,000							
1858O	7,294,000							
1858S	476,000							
1859	748,000							

HALF DOLLARS

Date	Quantity Minted	VG-8	F-12	VF-20	EF-40	MS-60	Prf-63
1859O	2,834,000						
1859S	566,000						
1860	303,700						
1860O	1,290,000						
1860S	472,000						
1861	2,888,400						
1861O	2,532,633						
1861S	939,500						
1862	253,550						
1862S	1,352,000						
1863	503,660						
1863S	916,000						
1864	379,570						
1864S	658,000						
1865	511,900						
1865S	675,000						
1866S	60,000						

Motto over Eagle

Date	Quantity Minted	VG-8	F-12	VF-20	EF-40	MS-60	Prf-63
1866	745,625						
1866S	994,000						
1867	449,925						
1867S	1,196,000						
1868	418,200						
1868S	1,160,000						
1869	795,900						
1869S	656,000						
1870	634,900						
1870CC	54,617						
1870S	1,004,000						
1871	1,204,560						
1871CC	153,950						
1871S	2,178,000						
1872	881,550						
1872CC	257,000						
1872S	580,000						
1873 No Arrows	587,600						
1873 Arrows	1,815,700						
1873CC No Arrows	122,500						
1873CC Arrows	214,560						
1873S Arrows	228,000						
1874 Arrows	2,360,300						

HALF DOLLARS

Date	Quantity Minted	VG-8	F-12	VF-20	EF-40	MS-60	Prf-63
1874CC Arrows	59,000						
1874S Arrows	394,000						

Arrows Removed

Date	Quantity Minted	VG-8	F-12	VF-20	EF-40	MS-60	Prf-63
1875	6,027,500						
1875CC	1,008,000						
1875S	3,200,000						
1876	8,419,150						
1876CC	1,956,000						
1876S	4,528,000						
1877	8,304,510						
1877CC	1,420,000						
1877S	5,356,000						
1878	1,378,400						
1878CC	62,000						
1878S	12,000						
1879	5,900						
1880	9,755						
1881	10,975						
1882	5,500						
1883	9,039						
1884	5,275						
1885	6,130						
1886	5,886						
1887	5,710						
1888	12,833						
1889	12,711						
1890	12,590						
1891	200,600						

Date	Quantity Minted	VG-8	F-12	VF-20	EF-40	MS-60	Prf-63
1892	935,245						
1892O	390,000						
1892S	1,029,028						

HALF DOLLARS

Date	Quantity Minted	VG-8	F-12	VF-20	EF-40	MS-60	Prf-63
1893	1,826,792						
1893O	1,389,000						
1893S	740,000						
1894	1,148,972						
1894O	2,138,000						
1894S	4,048,690						
1895	1,835,218						
1895O	1,766,000						
1895S	1,108,086						
1896	950,762						
1896O	924,000						
1896S	1,140,948						
1897	2,480,731						
1897O	632,000						
1897S	933,900						
1898	2,956,735						
1898O	874,000						
1989S	2,358,550						
1899	5,538,846						
1899O	1,724,000						
1899S	1,686,411						
1900	4,762,912						
1900O	2,744,000						
1900S	2,560,322						
1901	4,268,813						
1901O	1,240,000						
1901S	847,044						
1902	4,922,777						
1902O	2,526,000						
1902S	1,460,670						
1903	2,278,755						
1903O	2,100,000						
1903S	1,920,772						
1904	2,992,670						
1904O	1,117,600						
1904S	553,038						
1905	662,727						
1905O	505,000						
1905S	2,494,000						
1906	2,638,675						
1906D	4,028,000						
1906O	2,446,000						

HALF DOLLARS

Date	Quantity Minted	VG-8	F-12	VF-20	EF-40	MS-60	Prf-63
1906S	1,740,154						
1907	2,598,575						
1907D	3,856,000						
1907O	3,946,600						
1907S	1,250,000						
1908	1,354,545						
1908D	3,280,000						
1908O	5,360,000						
1908S	1,644,828						
1909	2,368,650						
1909O	925,400						
1909S	1,764,000						
1910	418,551						
1910S	1,948,000						
1911	1,406,543						
1911D	695,080						
1911S	1,272 000						
1912	1,550,700						
1912D	2,300,800						
1912S	1,370,000						
1913	188,627						
1913D	534,000						
1913S	604,000						
1914	124,610						
1914S	992,000						
1915	138,450						
1915D	1,170,400						
1915S	1,604,000						

1916	608,000						
1916D	1,014,400						
1916S	508,000						
1917	12,292,000						

HALF DOLLARS

Date	Quantity Minted	VG-8	F-12	VF-20	EF-40	MS-60	Prf-63
1917D on Obv	765,400						
1917D on Rev	1,940,000						
1917S on Obv	952,000						
1917S on Rev	5,554,000						
1918	6,634,000						
1918D	3,853,040						
1918S	10,282,000						
1919	962,000						
1919D	1,165,000						
1919S	1,552,000						
1920	6,372,000						
1920D	1,551,000						
1920S	4,624,000						
1921	246,000						
1921D	208,000						
1921S	548,000						
1923S	2,178,000						
1927S	2,392,000						
1928S	1,940,000						
1929D	1,001,200						
1929S	1,902,000						
1933S	1,786,000						
1934	6,964,000						
1934D	2,361,400						
1934S	3,652,000						
1935	9,162,000						
1935D	3,003,800						
1935S	3,854,000						
1936	12,617,901						
1936D	4,252,400						
1936S	3,884,000						
1937	9,527,728						
1937D	1,676,000						
1937S	2,090,000						
1838	4,118,152						
1938D	491,600						
1939	6,820,808						
1939D	4,267,800						
1939S	2,552,000						
1940	9,167,279						
1940S	4,550,000						
1941	24,207,412						

HALF DOLLARS

Date	Quantity Minted	F-12	VF-20	EF-40	MS-63	MS-65	Prf-65
1941D	11,248,400						
1941S	8,098,000						
1942	47,839,120						
1942D	10,973,800						
1942S	12,708,000						
1943	53,190,000						
1943D	11,346,000						
1943S	13,450,000						
1944	28,206,000						
1944D	9,769,000						
1944S	8,904,000						
1945	31,502,000						
1945D	9,966,800						
1945S	10,156,000						
1946	12,118,000						
1946D	2,151,000						
1946S	3,724,000						
1947	4,094,000						
1947D	3,900,600						

Date	Quantity Minted	F-12	VF-20	EF-40	MS-63	MS-65	Prf-65
1948	3,006,814						
1948D	4,028,600						
1949	5,614,000						
1949D	4,120,600						
1949S	3,744,000						
1950	7,793,509						
1950D	8,031,600						
1951	16,859,602						
1951D	9,475,200						
1951S	13,696,000						
1952	21,274,073						
1952D	25,395,600						
1952S	5,526,000						
1953	2,796,920						

HALF DOLLARS

Date	Quantity Minted	VF-20	EF-40	MS-60	MS-63	MS-65	Prf-65
1953D	20,900,400						
1953S	4,148,000						
1954	13,421,503						
1954D	25,445,580						
1954S	4,993,400						
1955	2,876,381						
1956	4,701,384						
1957	6,361,952						
1957D	19,966,850						
1958	4,917,652						
1958D	23,962,412						
1959	7,349,291						
1959D	13,053,750						
1960	7,715,602						
1960D	18,215,812						
1961	11,318,244						
1961D	20,276,442						
1962	12,932,019						
1962D	35,473,281						
1963	25,239,645						
1963D	67,069,29						

1964	277,254,766						
1964D	156,205,446						
1965	65,879,366						
1966	108,984,932						
1967	295,046,978						
1968D	246,951,930						
1968S proof	3,041,506						
1969D	129,881,800						
1969S proof	2,934,631						
1970D	2,150,000						
1970S proof	2,632,810						
1971	155,164,000						

HALF DOLLARS

Date	Quantity Minted	VF-20	EF-40	MS-60	MS-63	MS-65	Prf-65
1971D	302,097,424						
1971S proof	3,220,733						
1972	153,180,000						
1972D	141,890,000						
1972S proof	3,260,996						
1973	64,964,000						
1973D	83,171,400						
1973S proof	2,760,339						
1974	201,596,000						
1974D	79,066,300						
1974S proof	2,612,568						

Bicentennial Type

1976 cop.-nic.	234,308,000						
1976D cop.-nic.	287,565,248						
1976S cop.-nic.	7,059,099						
1976S silver-clad	15,000,000						

Bicentennial Type

Eagle Reverse Resumed

1977	43,598,000						
1977D	31,449,106						
1977S proof	3,251,152						
1978	14,350,000						
1978D	13,765,799						
1978S proof	3,127,781						
1979	68,312,000						
1979D	15,815,422						
1979S proof	3,667,175						
1980P	44,134,000						
1980D	33,456,449						
1980S proof	3,554,806						
1981P	29,544,000						
1981D	27,839,533						

HALF DOLLARS

Date	Quantity Minted		EF-40	MS-60	MS-63	MS-65	Prf-65
1981S proof	4,063,083						
1982P	10,819,000						
1982D	13,140,102						
1982S proof	3,857,479						
1983P	34,139,000						
1983D	32,472,244						
1983S proof	3,279,126						
1984P	26,029,000						
1984D	26,262,158						
1984S proof	3,065,110						
1985P	18,706,962						
1985D	19,814,034						
1985S proof	3,362,821						
1986P	13,107,633						
1986D	15,336,145						
1986S proof	3,010,497						
1987P	2,890,758						
1987D	2,890,758						
1987S proof	(4,227,728)						
1988P	13,626,000						
1988D	12,000,096						
1988S proof	(3,262,948)						
1989P	24,542,000						
1989D	23,000,216						
1989S proof	(3,220,194)						
1990P	22,278,000						
1990D	20,096,242						
1990S proof	(3,299,559)						
1991P	14,874,000						
1991D	15,054,678						
1991S proof	(2,867,787)						
1992P	17,628,000						
1992D	17,000,106						
1992S proof	(2,858,981)						
1992S silver proof	1,317,641						
1993P	15,510,000						
1993D	15,000,006						
1993S proof	(2,633,439)						
1993S silver proof	(761,353)						
1994P	23,718,000						
1994D	23,828,110						
1994S proof	(2,484,594)						
1994S silver proof	(785,329)						

HALF DOLLARS

Date	Quantity Minted		MS-60	MS-63	MS-65	Prf-65
1995P	26,496,000					
1995D	26,288,000					
1995S proof	(2,117,496)					
1995S silver proof	(679,985)					
1996P	24,442,000					
1996D	24,744,000					
1996S proof	(1,750,244)					
1996S silver proof	(775,021)					
1997P	20,882,000					
1997D	19,876,000					
1997S proof	(2,055,000)					
1997S silver proof	(741,678)					
1998P	15,646,000					
1998D	15,064,000					
1998S proof						
1998S silver proof	(878,792)					
1998S sil prf matte fin.						
1999P	8,900,000					
1999D	10,682,000					
1999S proof						
1999S silver proof	(800,000)					
2000P	22,600,000					
2000D	19,466,000					
2000S proof	(2,968,900)					
2000S silver proof	(856,400)					

SILVER DOLLARS

Date	Quantity Minted	G-4	VG-8	F-12	VF-20	EF-40	MS-60
1794	1,758						
1795	160,295						

SILVER DOLLARS

Date	Quantity Minted	G-4	VG-8	F-12	VF-20	EF-40	MS-60
1795 Bust Type	42,738						
1796	72,920						
1797	7,776						
1798 15 stars	327,536						
1798 13 stars							
1798 Her. Eag.	———						
1799	423,515						
1800	220,920						
1801	54,454						
1802	41,650						
1802 2 over 1							
1803	85,634						

1836 all kinds							
1838 all kinds							
1839 all kinds							

Date	Quantity Minted	VG-8	F-12	VF-20	EF-40	MS-60	Prf-60
1840	61,005						
1841	173,000						
1842	184,618						
1843	165,100						
1844	20,000						
1845	24,500						
1846	110,600						
1846O	59,000						
1847	140,750						
1848	15,000						
1849	62,600						
1850	7,500						
1850O	40,000						
1851	1,300						
1852	1,100						
1853	46,110						
1854	33,140						
1855	26,000						
1856	63,500						
1857	94,000						
1858 proofs only	300						
1859	256,500						
1859O	360,000						
1859S	20,000						
1860	218,930						
1860O	515,000						
1861	78,500						
1862	12,090						
1863	27,660						
1864	31,170						
1865	47,000						

SILVER DOLLARS

Motto
"In God We Trust"
added

Date	Quantity Minted	VG-8	F-12	VF-20	EF-40	MS-60	Prf-60
1866	49,625						
1867	47,525						
1868	162,700						
1869	424,300						
1870	416,000						
1870CC	12,462						
1871	1,074,760						
1871CC	1,376						
1872	1,106,450						
1872CC	3,150						
1872S	9,000						
1873	293,600						
1873CC	2,300						

Trade Dollars

Date	Quantity Minted	VG-8	F-12	VF-20	EF-40	MS-60	Prf-60
1873	397,500						
1873CC	124,500						
1873S	703,000						
1874	987,800						
1874CC	1,373,200						
1874S	2,549,000						
1875	218,900						
1875CC	1,573,700						
1875S	4,487,000						

SILVER DOLLARS

Date	Quantity Minted	VG-8	F-12	VF-20	EF-40	MS-60	Prf-60
1876	456,150						
1876CC	509,000						
1876S	5,227,000						
1877	3,039,710						
1877CC	534,000						
1877S	9,519,000						
1878 proofs only	900						
1878CC	97,000						
1878S	4,162,000						
1879 proofs only	1,541						
1880 proofs only	1,987						
1881 proofs only	960						
1882 proofs only	1,097						
1883 proofs only	979						
1884 proofs only	10						
1885 proofs only	5						

Date	Quantity Minted	VG-8	F-12	VF-20	EF-40	MS-60	Prf-60
1878, 8 tail feath.	750,000						
1878, 7 tail feath.	9,759,550						
1878CC	2,212,000						
1878S	9,774,000						
1879	14,807,100						
1879CC	756,000						
1879O	2,887,000						
1879S	9,110,000						
1880	12,601,355						
1880CC	591,000						
1880O	5,305,000						
1880S	8,900,000						
1881	9,163,975						

SILVER DOLLARS

Date	Quantity Minted	VG-8	F-12	VF-20	EF-40	MS-63	Prf-65
1881CC	296,000						
1881O	5,708,000						
1881S	12,760,000						
1882	11,101,100						
1882CC	1,133,000						
1882O	6,090,000						
1882S	9,250,000						
1883	12,291,039						
1883CC	1,204,000						
1883O	8,725,000						
1883S	6,250,000						
1884	14,070,875						
1884CC	1,136,000						
1884O	9,730,000						
1884S	3,200,000						
1885	17,787,767						
1885CC	228,000						
1885O	9,185,000						
1885S	1,497,000						
1886	19,963,886						
1886O	10,710,000						
1886S	750,000						
1887	20,290,710						
1887O	11,550,000						
1887S	1,771,000						
1888	19,183,833						
1888O	12,150,000						
1888S	657,000						
1889	21,726,811						
1889CC	350,000						
1889O	11,875,000						
1889S	700,000						
1890	16,802,590						
1890CC	2,309,041						
1890O	10,701,000						
1890S	8,230,373						
1891	8,694,206						
1891CC	1,618,000						
1891O	7,954,529						
1891S	5,296,000						
1892	1,037,245						
1892CC	1,352,000						

SILVER DOLLARS

Date	Quantity Minted	VF-20	EF-40	AU-50	MS-60	MS-63	Prf-63
1892O	2,744,000						
1892S	1,200,000						
1893	378,792						
1893CC	677,000						
1893O	300,000						
1893S	100,000						
1894	110,972						
1894O	1,723,000						
1894S	1,260,000						
1895	12,880						
1895O	450,000						
1895S	400,000						
1896	9,976,762						
1896O	4,900,000						
1896S	5,000,000						
1897	2,822,731						
1897O	4,004,000						
1897S	5,825,000						
1898	5,884,735						
1898O	4,440,000						
1898S	4,102,000						
1899	330,846						
1899O	12,290,000						
1899S	2,562,000						
1900	8,830,912						
1900O	12,590,000						
1900S	3,540,000						
1901	6,962,813						
1901O	13,320,000						
1901S	2,284,000						
1902	7,944,777						
1902O	8,636,000						
1902S	1,530,000						
1903	4,652,755						
1903O	4,450,000						
1903S	1,241,000						
1904	2,788,650						
1904O	3,720,000						
1904S	2,304,000						
1921	44,690,000						
1921D	20,345,000						
1921S	21,695,000						

Date	Quantity Minted		VF-20	EF-40	AU-50	MS-60	MS-63
1921	1,006,473						
1922	51,737,000						
1922D	15,063,000						
1922S	17,475,000						
1923	30,800,000						
1923D	6,811,000						
1923S	19,020,000						
1924	11,811,000						
1924S	1,728,000						
1925	10,198,000						
1925S	1,610,000						
1926	1,939,000						
1926D	2,348,700						
1926S	6,980,000						
1927	848,000						
1927D	1,268,900						
1927S	866,000						
1928	360,649						
1928S	1,632,000						
1934	954,057						
1934D	1,569,500						
1934S	1,011,000						
1935	1,576,000						
1935S	1,964,000						

DOLLARS

Date	Quantity Minted	VF-20	EF-40	AU-50	MS-60	MS-63	Prf-63
1971	47,799,000						
1971D	68,587,424						
1971S	11,133,764						
1972	75,890,000						
1972D	92,548,511						
1972S	4,004,687						
1973	2,000,056						
1973D	2,000,000						
1973S copper-nickel	2,760,339						
1973 silver-clad	2,896,786						
1974	27,366,000						
1974D	45,517,000						
1974S copper-nickel	2,612,568						
1974 silver-clad	3,206,735						

1976	117,337,000						
1976D	103,228,274						
1976S copper-nickel	6,995,180						
1976S silver-clad	15,000,000						

DOLLARS

Date	Quantity Minted						MS-63	MS-65	Prf-65
Eagle Reverse Resumed									
1977	12,596,000								
1977D	32,983,006								
1977S	3,251,152								
1978	25,702,000								
1978D	33,012,890								
1978S	3,127,781								

Date	Quantity Minted						MS-63	MS-65	Prf-65
1979P	360,222,000								
1979D	288,015,744								
1979S	113,253,175								
1980P	27,610,000								
1980D	41,628,708								
1980S	23,976,806								
1981P	3,000,000								
1981D	3,250,000								
1981S	7,555,083								
1999P	29,592,000								
1999D	11,776,000								
1999P proof									

Date	Quantity Minted						MS-63	MS-65	Prf-65
2000P	767,140,000								
2000D	518,916,000								
2000S proof									

GOLD DOLLARS

Date	Quantity Minted		VF-20	EF-40	AU-50	MS-60	MS-63
1849	688,567						
1849C	11,634						
1848D	21,588						
1849O	215,000						
1850	481,953						
1850C	6,966						
1850D	8,382						
1850O	14,000						
1851	3,317,671						
1851C	41,267						
1851D	9,882						
1851O	290,000						
1852	2,045,351						
1852C	9,434						
1852D	6,360						
1852O	140,000						
1853	4,076,051						
1853C	11,515						
1853D	6,583						
1853O	290,000						
1854	855,502						
1854D	2,935						
1854S	14,632						

Date	Quantity Minted		VF-20	EF-40	AU-50	MS-60	MS-63
1854	783,943						
1855	758,269						
1855C	9,803						
1855D	1,811						
1856O	55,000						
1856S	24,600						

GOLD DOLLARS

Date	Quantity Minted	VF-20	EF-40	AU-50	MS-60	MS-63	Prf-63
Larger Head							
1856	1,762,936						
1856D	1,460						
1857	774,789						
1857C	13,280						
1857D	3,533						
1857S	10,000						
1858	117,995						
1858D	3,477						
1858S	10,000						
1859	168,244						
1859C	5,235						
1859D	4,952						
1859S	15,000						
1860	36,668						
1860D	1,566						
1860S	13,000						
1861	527,499						
1861D	——						
1862	1,361,390						
1863	6,250						
1864	5,950						
1865	3,725						
1866	7,130						
1867	5,250						
1868	10,525						
1869	5,925						
1870	6,335						
1870S	3,000						
1871	3,930						
1872	3,530						
1873	125,125						
1874	198,820						
1875	420						
1876	3,245						
1877	3,920						
1878	3,020						
1879	3,030						
1880	1,636						
1881	7,707						
1882	5,125						

GOLD DOLLARS

Date	Quantity Minted	VF-20	EF-40	AU-50	MS-60	MS-63	Prf-63
1883	11,007						
1884	6,236						
1885	12,261						
1886	6,016						
1887	8,543						
1888	16,580						
1889	30,729						

$2.50 GOLD PIECES

		VF-20	EF-40	AU-50	MS-60	MS-63	Prf-63
1796 No Stars	963						
1796 With Stars	432						
1797	427						
1798	1,094						
1802 over 1	3,035						
1804	3,327						
1805	1,781						
1806 over 4 1806 over 5	1,616						
1807	6,812						

		VF-20	EF-40	AU-50	MS-60	MS-63	Prf-63
1808	2,710						
1821 reduced size	6,448						
1824 over 21	2,600						
1825	4,434						
1826 over 25	760						
1827	2,800						

$2.50 GOLD PIECES

Date	Quantity Minted			VF-20	EF-40	AU-50	MS-60
1829	3,403						
1830	4,540						
1831	4,520						
1832	4,400						
1833	4,160						
1834 with motto	4,000						
1834 without motto	112,234						
1835	131,402						
1836	547,986						
1837	45,080						
1838	47,030						
1838C	7,880						
1839	27,021						
1839C	18,140						
1839D	13,674						
1839O	17,781						

Date	Quantity Minted			VF-20	EF-40	AU-50	MS-60
1840	18,859						
1840C	12,822						
1840D	3,532						
1840O	33,580						
1841 proofs only	———						
1841C	10,281						
1841D	4,164						
1842	2,823						
1842C	6,729						
1842D	4,643						
1842O	19,800						
1843	100,546						
1843C lg. or sm. dt.	26,064						
1843D small date	36,209						
1843O lg. or sm. dt.	364,002						
1844	6,784						
1844C	11,622						
1844D	17,332						
1845	91,051						

$2.50 GOLD PIECES

Date	Quantity Minted	VF-20	EF-40	AU-50	MS-60	Prf-63
1845D	19,460					
1845O	4,000					
1846	21,598					
1846C	4,808					
1846D	19,303					
1846O	62,000					
1847	29,814					
1847C	23,226					
1847D	15,784					
1847O	124,000					
1848	7,494					
1848 CAL over eagle	1,389					
1848C	16,778					
1848D	13,771					
1849	23,294					
1849C	10,220					
1849D	10,945					
1850	252,923					
1850C	9,148					
1850D	12,148					
1850O	84,000					
1851	1,372,748					
1851C	14,923					
1851D	11,264					
1851O	148,000					
1852	1,159,681					
1852C	9,772					
1852D	4,078					
1852O	140,000					
1853	1,404,668					
1853D	3,178					
1854	596,258					
1854C	7,295					
1854D	1,760					
1854O	153,000					
1854S	246					
1855	235,480					
1855C	3,677					
1855D	1,123					
1856	384,240					
1856C	7,913					
1856D	874					

$2.50 GOLD PIECES

Date	Quantity Minted	VF-20	EF-40	AU-50	MS-60	Prf-63
1856O	21,100					
1856S	72,120					
1857	214,130					
1857D	2,364					
1857O	34,000					
1857S	69,200					
1858	47,377					
1858C	9,056					
1859	39,444					
1859D	2,244					
1859S	15,200					
1860	22,675					
1860C	7,469					
1860S	35,600					
1861	1,283,878					
1861S	24,000					
1862	98,543					
1862S	8,000					
1863 proofs only	30					
1863S	10,800					
1864	2,874					
1865	1,545					
1865S	23,376					
1866	3,110					
1866S	38,960					
1867	3,250					
1867S	28,000					
1868	3,625					
1868S	34,000					
1869	4,345					
1869S	29,500					
1870	4,555					
1870S	16,000					
1871	5,350					
1871S	22,000					
1872	3,030					
1872S	18,000					
1873	178,025					
1873S	27,000					
1874	3,940					
1875	420					
1875S	11,600					

$2.50 GOLD PIECES

Date	Quantity Minted	VF-20	EF-40	AU-50	MS-60	Prf-63
1876	4,221					
1876S	5,000					
1877	1,652					
1877S	35,400					
1878	286,260					
1878S	178,000					
1879	88,990					
1879S	43,500					
1880	2,996					
1881	691					
1882	4,067					
1883	2,002					
1884	2,023					
1885	887					
1886	4,088					
1887	6,282					
1888	16,098					
1889	17,648					
1890	8,813					
1891	11,040					
1892	2,545					
1893	30,106					
1894	4,122					
1895	6,119					
1896	19,202					
1897	29,904					
1898	24,165					
1899	27,350					
1900	67,205					
1901	91,323					
1902	133,733					
1903	201,257					
1904	160,960					
1905	217,944					
1906	176,490					
1907	336,448					

$2.50 GOLD PIECES

Date	Quantity Minted		VF-20	EF-40	AU-50	MS-60	Prf-63
1908	565,057						
1909	441,899						
1910	492,682						
1911	704,191						
1911D	55,680						
1912	616,197						
1913	722,165						
1914	240,117						
1914D	448,000						
1915	606,100						
1925D	578,000						
1926	446,000						
1927	388,000						
1928	416,000						
1929	532,000						

$3.00 GOLD PIECES

1854	138,618						
1854D	1,120						
1854O	24,000						
1855	50,555						
1855S	6,600						
1856	26,010						
1856S	34,500						
1857	20,891						
1857S	14,000						
1858	2,133						
1859	15,638						
1860	7,155						
1860S	7,000						
1861	6,072						
1862	5,785						
1863	5,039						

$3.00 GOLD PIECES

Date	Quantity Minted	VF-20	EF-40	AU-50	MS-60	Prf-63
1864	2,680					
1865	1,165					
1866	4,030					
1867	2,650					
1868	4,875					
1869	2,525					
1870	3,535					
1871	1,330					
1872	2,030					
1873 proofs only	25					
1874	41,820					
1875 proofs only	20					
1876 proofs only	45					
1877	1,488					
1878	82,324					
1879	3,030					
1880	1,036					
1881	554					
1882	1,576					
1883	989					
1884	1,106					
1885	910					
1886	1,142					
1887	6,160					
1888	5,291					
1889	2,429					

$4.00 GOLD OR "STELLA"

		VF-20	EF-40	AU-50	MS-60	Prf-63
1879 Flowing hair, Proof.	425					
1879 Coiled hair, Proof.	10					
1880 Flowing hair, Proof.	15					
1880 Coiled hair, Proof.	10					

$5.00 GOLD PIECES

Date	Quantity Minted	VF-20	EF-40	AU-50	MS-60			
1795 Small eagle	8,707							
1795 Large eagle								
1896 6 over 5	6,196							
1797 Small eagle	3,609							
1797 7 over 5								
1798	24,867							
1799	7,451							
1800	37,628							
1802 over 1	53,176							
1803 over 2	33,506							
1804	30,475							
1805	33,183							
1806	64,093							
1807 Bust right	32,488							

Date	Quantity Minted							
1807 Bust left	51,605							
1808	55,578							
1808 8 over 7								
1809 9 over 8	33,875							
1810	100,287							
1811	99,581							
1812	58,087							

$5.00 GOLD PIECES

Date	Quantity Minted	F-12	VF-20	EF-40	AU-50	MS-60
1813	95,428					
1814 4 over 3	15,454					
1815	635					
1818	48,588					
1819	51,723					
1820	263,806					
1821	34,641					
1822	17,796					
1823	14,485					
1824	17,340					
1825 5 over 1	29,060					
1825 5 over 4	———					
1826	18,069					
1827	24,913					
1828 1828 8 over 7	28,029					
1829	57,442					
1830	126,351					
1831	140,594					
1832	157,487					
1833	193,630					
1834 Motto	50,141					

Date	Quantity Minted	F-12	VF-20	EF-40	AU-50	MS-60
1834	657,460					
1835	371,534					
1836	553,147					
1837	207,121					
1838	286,588					
1838C	17,179					
1838D	20,583					

$5.00 GOLD PIECES

Date	Quantity Minted	F-12	VF-20	EF-40	AU-50	MS-60	Prf-60
1839	118,143						
1839C	17,205						
1839D	18,939						
1840	137,382						
1840C	18,992						
1840D	22,896						
1840O	40,120						
1841	15,833						
1841C	21,467						
1841D	29,392						
1841O	50						
1842	27,578						
1842C	27,432						
1842D	59,608						
1842O	16,400						
1843	611,205						
1843C	44,277						
1843D	98,452						
1843O	101,075						
1844	340,330						
1844C	23,631						
1844D	88,982						
1844O	364,600						
1845	417,099						
1845D	90,629						
1845O	41,000						
1846	395,942						
1846C	12,995						
1846D	80,294						
1846O	58,000						
1847	915,981						
1847C	84,151						
1847D	64,405						
1847O	12,000						

$5.00 GOLD PIECES

Date	Quantity Minted	VF-20	EF-40	AU-50	MS-60	Prf-60
1848	260,775					
1848C	64,472					
1848D	47,465					
1849	133,070					
1848C	64,823					
1849D	39,036					
1850	64,491					
1850C	63,591					
1850D	43,984					
1851	377,505					
1851C	49,176					
1851D	62,710					
1851O	41,000					
1852	573,901					
1852C	72,574					
1852D	91,584					
1853	305,770					
1853C	65,571					
1853D	89,678					
1854	160,675					
1854C	39,283					
1854D	56,413					
1854O	46,000					
1854S	268					
1855	117,098					
1855C	39,788					
1855D	22,432					
1855O	11,100					
1855S	61,000					
1856	197,990					
1856C	28,457					
1856D	19,786					
1856O	10,000					
1856S	105,100					
1857	98,188					
1857C	31,360					
1857D	17,046					
1857O	13,000					
1857S	87,000					
1858	15,136					
1858C	38,856					

$5.00 GOLD PIECES

Date	Quantity Minted	VF-20	EF-40	AU-50	MS-60	Prf-60
1858D	15,362					
1858S	18,600					
1859	16,814					
1859C	31,847					
1858D	10,366					
1859S	13,220					
1860	19,825					
1860C	14,813					
1860D	14,635					
1860S	21,200					
1861	688,150					
1861C	6,879					
1861D	1,597					
1861S	18,000					
1862	4,465					
1862S	9,500					
1863	2,472					
1863S	17,000					
1864	4,220					
1864S	3,888					
1865	1,295					
1865S	27,612					
1866S no motto	9,000					
1866 motto	6,730					
1866S	34,920					
1867	6,920					
1867S	29,000					
1868	5,725					
1868S	52,000					
1869	1,785					
1869S	31,000					
1870	4,035					
1870CC	7,675					
1870S	17,000					
1871	3,230					
1871CC	20,770					
1871S	25,000					
1872	1,690					
1872CC	16,980					
1872S	36,400					
1873	112,505					

$5.00 GOLD PIECES

Date	Quantity Minted	VF-20	EF-40	AU-50	MS-60	Prf-63
1873CC	7,416					
1873S	31,000					
1874	3,508					
1874CC	21,198					
1874S	16,000					
1875	220					
1875CC	11,828					
1875S	9,000					
1876	1,477					
1876CC	6,887					
1876S	4,000					
1877	1,152					
1877CC	8,680					
1877S	26,700					
1878	131,740					
1878CC	9,054					
1878S	144,700					
1879	301,950					
1879CC	17,281					
1879S	426,200					
1880	3,166,436					
1880CC	51,017					
1880S	1,348,900					
1881	5,708,802					
1881CC	13,886					
1881S	969,000					
1882	2,514,568					
1882CC	82,817					
1882S	969,000					
1883	233,461					
1883CC	12,958					
1883S	83,200					
1884	191,078					
1884CC	16,402					
1884S	177,000					
1885	601,506					
1885S	1,211,500					
1886	388,432					
1886S	3,268,000					
1887 proofs only	87					
1887S	1,912,000					

$5.00 GOLD PIECES

Date	Quantity Minted			VF-20	EF-40	AU-50	MS-60	Prf-63
1888	18,296							
1888S	293,900							
1889	7,565							
1890	4,328							
1890CC	53,800							
1891	61,413							
1891CC	208,000							
1892	753,572							
1892CC	82,968							
1892O	10,000							
1892S	298,400							
1893	1,528,197							
1893CC	60,000							
1893O	110,000							
1893S	224,000							
1894	957,955							
1894O	16,600							
1894S	55,900							
1895	1,345,936							
1895S	112,000							
1896	59,063							
1896S	155,400							
1897	867,883							
1897S	354,000							
1898	633,495							
1898S	1,397,400							
1899	1,710,729							
1899S	1,545,000							
1900	1,405,730							
1900S	329,000							
1901	616,040							
1901S	3,648,000							
1902	172,562							
1902S	939,000							
1903	227,024							
1903S	1,855,000							
1904	392,136							
1904S	97,000							
1905	302,308							
1905S	880,700							
1906	348,820							

$5.00 GOLD PIECES

Date	Quantity Minted	VF-20	EF-40	AU-50	MS-60	Prf-63
1906D	320,000					
1906S	598,000					
1907	626,192					
1907D	888,000					
1908 Liberty head	421,874					

Date	Quantity Minted	VF-20	EF-40	AU-50	MS-60	Prf-63
1908 Indian Head	578,012					
1908D	148,000					
1908S	82,000					
1909	627,138					
1909D	3,423,560					
1909O	34,200					
1909S	297,200					
1910	604,250					
1910D	193,600					
1910S	770,200					
1911	915,139					
1911D	72,500					
1911S	1,416,000					
1912	790,144					
1912S	392,000					
1913	916,000					
1913S	408,000					
1914	247,125					
1914D	247,000					
1914S	263,000					
1915	588,075					
1915S	164,000					
1916S	240,000					
1929	662,000					

$10.00 GOLD PIECES

Date	Quantity Minted	F-12	VF-20	EF-40	AU-50	MS-60
1795	5,583					
1796	4,146					
1797 small eagle	3,615					
1797 large eagle	10,940					
1798 8 over 7	1,742					
1799	37,499					
1800	5,999					
1801	44,344					
1803	15,017					
1804	3,757					

1838	7,200					
1839 large letters	25,801					
1839 small letters	12,447					
1840	47,338					
1841	63,131					
1841O	2,500					
1842	81,507					
1842O	27,400					
1843	75,462					
1843O	175,162					
1844	6,361					
1844O	118,700					

$10.00 GOLD PIECES

Date	Quantity Minted	VF-20	EF-40	AU-50	MS-60	Prf-63
1845	26,153					
1845O	47,500					
1846	20,095					
1846O	81,780					
1847	862,258					
1847O	571,500					
1848	145,484					
1848O	35,850					
1849	653,618					
1849O	23,900					
1850	291,451					
1850O	57,500					
1851	176,328					
1851O	263,000					
1852	263,106					
1852O	18,000					
1853 1853 3 over 2	201,253					
1853O	51,000					
1854	54,250					
1854O	52,500					
1854S	123,826					
1855	121,701					
1855O	18,000					
1855S	9,000					
1856	60,490					
1856O	14,500					
1856S	68,000					
1857	16,606					
1857O	5,500					
1857S	26,000					
1858	2,521					
1858O	20,000					
1858S	11,800					
1859	16,093					
1859O	2,300					
1859S	7,000					
1860	15,105					
1860O	11,100					
1860S	5,000					
1861	113,233					
1861S	15,500					

$10.00 GOLD PIECES

Date	Quantity Minted	VF-20	EF-40	AU-50	MS-60	Prf-63
1862	10,995					
1862S	12,500					
1863	1,248					
1863S	10,000					
1864	3,580					
1864S	2,500					
1865	4,005					
1865S	16,700					
1866S	8,500					

Motto Above Eagle

Date	Quantity Minted	VF-20	EF-40	AU-50	MS-60	Prf-63
1866	3,780					
1866S	11,500					
1867	3,140					
1867S	9,000					
1868	10,655					
1868S	13,500					
1869	1,855					
1869S	6,430					
1870	4,025					
1870CC	5,908					
1870S	8,000					
1871	1,820					
1871CC	8,085					
1871S	16,500					
1872	1,650					
1872CC	4,600					
1872S	17,300					
1873	825					
1873CC	4,543					
1873S	12,000					
1874	53,160					
1874CC	16,767					
1874S	10,000					
1875	120					
1875CC	7,715					
1876	732					
1876CC	4,696					
1876S	5,000					
1877	817					
1877CC	3,332					
1877S	17,000					
1878	73,800					

$10.00 GOLD PIECES

Date	Quantity Minted			VF-20	EF-40	AU-50	MS-60	Prf-63
1878CC	3,244							
1878S	26,100							
1879	384,770							
1879CC	1,762							
1879O	1,500							
1879S	224,000							
1880	1,644,876							
1880CC	11,190							
1880O	9,200							
1880S	506,250							
1881	3,877,260							
1881CC	24,015							
1881O	8,350							
1881S	970,000							
1882	2,324,480							
1882CC	6,764							
1882O	10,820							
1882S	132,000							
1883	208,740							
1883CC	12,000							
1883O	800							
1883S	38,000							
1884	76,905							
1884CC	9,925							
1884S	124,250							
1885	253,527							
1885S	228,000							
1886	236,160							
1886S	826,000							
1887	53,680							
1887S	817,000							
1888	132,996							
1888O	21,335							
1888S	648,700							
1889	4,485							
1889S	425,400							
1890	58,043							
1890CC	17,500							
1891	91,868							
1891CC	103,732							
1892	797,552							
1892CC	40,000							
1892O	28,688							

$10.00 GOLD PIECES

Date	Quantity Minted			VF-20	EF-40	AU-50	MS-60	Prf-63
1892S	115,500							
1893	1,840,895							
1893CC	14,000							
1893O	17,000							
1893S	141,350							
1894	2,470,778							
1894O	107,500							
1894S	25,000							
1895	567,826							
1895O	98,000							
1895S	49,000							
1896	76,348							
1896S	123,750							
1897	1,000,159							
1897O	42,500							
1897S	234,750							
1898	812,197							
1898S	473,600							
1899	1,262,305							
1899O	37,047							
1899S	841,000							
1900	293,960							
1900S	81,000							
1901	1,718,825							
1901O	72,041							
1901S	2,812,750							
1902	82,513							
1902S	469,500							
1903	125,926							
1903O	112,771							
1903S	538,000							
1904	162,038							
1904O	108,950							
1905	201,078							
1905S	369,250							
1906	165,497							
1906D	981,000							
1906O	86,895							
1906S	457,000							
1907 Liberty head	1,203,973							
1907D Liberty	1,030,000							
1907S Liberty	210,500							

$10.00 GOLD PIECES

Date	Quantity Minted	VF-20	EF-40	AU-50	MS-60	Prf-63
1907 Indian, regular	239,406					
1907 Wire edge, per.	500					
1907 Rolled edge, per.	42					
1908 No motto	33,500					
1908D No motto	210,000					
1908 Motto	341,486					
1908D Motto	836,500					
1908S Motto	59,850					
1909	184,863					
1909D	121,540					
1909S	292,350					
1910	318,704					
1910D	2,356,640					
1910S	811,000					
1911	505,595					
1911D	30,100					
1911S	51,000					
1912	405,083					
1912S	300,000					
1913	442,071					
1913S	66,000					
1914	151,050					
1914D	343,500					
1914S	208,000					
1915	351,075					
1915S	59,000					
1916S	138,500					
1920S	126,500					
1926	1,014,000					
1930S	96,000					
1932	4,463,000					
1933	312,500					

DOUBLE EAGLES ($20.00 GOLD PIECES)

Date	Quantity Minted	VF-20	EF-40	AU-50	MS-60	Prf-63
1850	1,170,261					
1850O	141,000					
1851	2,087,155					
1851O	315,000					
1852	2,053,026					
1852O	190,000					
1853 1853 3 over 2	1,261,326					
1853O	71,000					
1854	757,899					
1854O	3,250					
1854S	141,468					
1855	364,666					
1855O	8,000					
1855S	879,675					
1856	329,878					
1856O	2,250					
1856S	1,189,750					
1857	439,375					
1857O	30,000					
1857S	970,500					
1858	211,714					
1858O	35,250					
1858S	846,710					
1859	43,677					
1859O	9,100					
1859S	636,445					
1860	577,670					
1860O	6,600					
1860S	544,950					

$20.00 GOLD PIECES

Date	Quantity Minted	VF-20	EF-40	AU-50	MS-60	Prf-63
1861	2,976,453					
1861O	17,741					
1861S	768,000					
1862	92,133					
1862S	854,173					
1863	142,820					
1863S	966,570					
1864	204,285					
1864S	793,660					
1865	351,200					
1865S	1,042,500					
1866S	est. 12,000					

Motto Above Eagle

Date	Quantity Minted	VF-20	EF-40	AU-50	MS-60	Prf-63
1866 Motto	698,775					
1866S Motto	842,250					
1867	251,065					
1867S	920,750					
1868	98,600					
1868S	837,500					
1869	175,155					
1869S	686,750					
1870	155,185					
1870CC	3,789					
1870S	982,000					
1871	80,150					
1871CC	17,387					
1871S	928,000					
1872	251,880					
1872CC	26,900					
1872S	780,000					
1873	1,709,825					
1873CC	22,410					
1873S	1,040,600					
1874	366,800					
1874CC	115,085					
1874S	1,214,000					
1875	295,740					
1875CC	111,151					
1875S	1,230,000					
1876	583,905					

$20.00 GOLD PIECES

Date	Quantity Minted		VF-20	EF-40	AU-50	MS-60	Prf-63
1876CC	138,441						
1876S	1,597,000						
1877	397,670						
1877CC	42,565						
1877S	1,735,000						
1878	543,645						
1878CC	13,180						
1878S	1,739,000						
1879	207,630						
1879CC	10,708						
1879O	2,325						
1879S	1,223,800						
1880	51,456						
1880S	836,000						
1881	2,260						
1881S	727,000						
1882	630						
1882CC	39,140						
1882S	1,125,000						
1883 proofs only	92						
1883CC	59,962						
1883S	1,189,000						
1884	71						
1884CC	81,139						
1884S	916,000						
1885	828						
1885CC	9,450						
1885S	683,500						
1886	1,106						
1887 proofs only	121						
1887S	283,000						
1888	226,266						
1888S	859,600						
1889	44,111						
1889CC	30,945						
1889S	774,700						
1890	75,995						
1890CC	91,209						
1890S	802,750						
1891	1,442						
1891CC	5,000						

$20.00 GOLD PIECES

Date	Quantity Minted			VF-20	EF-40	AU-50	MS-60	Prf-63
1891S	1,288,125							
1892	4,523							
1892CC	27,265							
1892S	930,150							
1893	344,339							
1893CC	18,402							
1893S	996,175							
1894	1,368,990							
1894S	1,048,550							
1895	1,114,656							
1895S	1,143,500							
1896	792,663							
1896S	1,403,925							
1897	1,383,261							
1897S	1,470,250							
1898	170,470							
1898S	2,575,175							
1899	1,669,384							
1899S	2,010,300							
1900	1,874,584							
1900S	2,459,500							
1901	111,526							
1901S	1,596,000							
1902	31,254							
1902S	1,753,625							
1903	287,428							
1903S	954,000							
1904	6,256,797							
1904S	5,134,175							
1905	59,011							
1905S	1,813,000							
1906	69,690							
1906D	620,250							
1906S	2,065,750							
1907 Liberty	1,451,864							
1907D Liberty	842,250							
1907S Liberty	2,165,800							

$20.00 GOLD PIECES

Date	Quantity Minted	VF-20	EF-40	AU-50	MS-60	Prf-63
1907 MCMVII	11,250					
1907	361,667					
1908 No motto	4,271,551					
1908 Motto	156,359					
1908D No motto	663,750					
1908D Motto	349,500					
1908S Motto	22,000					
1909 9 over 8	161,282					
1909						
1909D	52,500					
1909S	2,774,925					
1910	482,167					
1910D	429,000					
1910S	2,128,250					
1911	197,350					
1911D	846,500					
1911S	775,750					
1912	149,824					
1913	168,838					
1913D	393,500					
1913S	34,000					
1914	95,320					
1914D	453,000					
1914S	1,498,000					
1915	152,050					
1915S	567,500					
1916S	796,000					
1920	228,250					
1920S	558,000					
1921	528,500					
1922	1,375,500					

$20.00 GOLD PIECES

Date	Quantity Minted	VF-20	EF-40	AU-50	MS-60	Prf-63
1922S	2,658,000					
1923	566,000					
1923D	1,702,250					
1924	4,323,500					
1924D	3,049,500					
1924S	2,927,500					
1925	2,831,750					
1925D	2,938,500					
1925S	3,776,500					
1926	816,750					
1926D	481,000					
1926S	2,041,500					
1927	2,946,750					
1927D	180,000					
1927S	3,107,000					
1928	8,816,000					
1929	1,779,750					
1930S	74,000					
1931	2,938,250					
1931D	106,500					
1932	1,101,750					

SILVER COMMEMORATIVES

Date	Quantity Minted	AU-50	MS-60	MS-65
1893 Isabella Quarter	24,214			
1921 Alabama Centennial	59,038			
1921 Same, but 2x2 in field	6,006			

SILVER COMMEMORATIVES

Date	Quantity Minted		AU-50	MS-60	MS-65
1936 Albany, New York	17,671				
1937 Battle of Antietam	18,028				
1935 Arkansas Centennial	13,012				
1935D Arkansas Centennial	5,505				
1935S Arkansas Centennial	5,506				
1936 Arkansas Centennial	9,660				
1936D Arkansas Centennial	9,660				
1936S Arkansas Centennial	9,662				
1937 Arkansas Centennial	5,505				
1937D Arkansas Centennial	5,505				
1937S Arkansas Centennial	5,506				
1938 Arkansas Centennial	3,156				
1938D Arkansas Centennial	3,155				
1938S Arkansas Centennial	3,156				
1939 Arkansas Centennial	2,104				
1939D Arkansas Centennial	2,104				
1939S Arkansas Centennial	2,105				
1936S Oakland Bay Bridge	71,424				
1934 Daniel Boone Bi-cent	10,007				
1935 Daniel Boone Bi-cent	10,010				
1935D Daniel Boone Bi-cent	5,005				
1935S Daniel Boone Bi-cent	5,005				
1935 Same, but small 1934	10,008				
1935D Same as 1935	2,003				
1935S Same as 1935	2,004				
1936 Same as 1934	12,012				
1936D Same as 1934	5,005				
1936S Same as 1934	5,006				
1937 Same as 1934	9,810				
1937D Same as 1934	2,506				
1937S Same as 1934	2,506				
1938 Same as 1934	2,100				
1938D Same as 1934	2,100				
1938S Same as 1934	2,100				
1936 Bridgeport, Conn.	25,015				
1925S Calif. Dia. Jubilee	86,394				
1951 Carver-Washington	110,018				
1951D Carver-Washington	10,004				
1951S Carver-Washington	10,004				
1952 Carver-Washington	2,006,292				
1952D Carver-Washington	8,006				

SILVER COMMEMORATIVES

Date	Quantity Minted	AU-50	MS-60	MS-65
1952S Carver-Washington	8,006			
1953 Carver-Washington	8,003			
1953D Carver-Washington	8,003			
1953S Carver-Washington	108,020			
1954 Carver-Washington	12,006			
1954D Carver-Washington	12,006			
1954S Carver-Washington	122,024			
1936 Cincinnati Mus. Ctr.	5,005			
1936D Cincinnati Mus. Ctr.	5,005			
1936S Cincinnati Mus. Ctr.	5,006			
1936 Cleveland Exp.	50,030			
1936 Columbia, S.C.	9,007			
1936D Columbia, S.C.	8,009			
1936S Columbia, S.C.	8,007			
1892 Columbian Half Dol.	950,000			
1893 Columbian	1,550,405			
1935 Conn. Tercentenary	25,018			
1936 Delaware Tercentenary	20,993			
1936 Elgin, Illinois	20,015			
1936 Battle of Gettysburg	26,928			
1922 Grant memorial	67,405			
1922 Same, but star on obv.	4,256			
1928 Hawaiian Sesqui.	10,008			
1935 Hudson Sesqui.	10,008			
1924 Huguenot-Wallon	142,080			
1918 Illinois Centennial	100,058			
1946 Iowa Centennial	100,057			
1925 Lexington-Concord	162,013			
1936 Long Island	81,826			
1936 Lynchburg, Va.	20,013			
1920 Maine Centennial	50,028			
1934 Md. Tercentenary	25,015			
1921 Missouri Centennial	15,428			
1921 Same, but 2★4, in field	5,000			
1923S Monroe Doctrine	274,077			
1938 New Rochelle, N.Y.	15,266			
1936 Norfolk, Va.	16,936			
1926 Oregon Trail	47,955			
1926S Oregon Trail	83,055			
1928 Oregon Trail	6,028			
1933D Oregon Trail	5,008			

SILVER COMMEMORATIVES

Date	Quantity Minted	AU-50	MS-60	MS-65
1934D Oregon Trail	7,006			
1936 Oregon Trail	10,006			
1936S Oregon Trail	5,006			
1937D Oregon Trail	12,008			
1938 Oregon Trail	6,006			
1938D Oregon Trail	6,005			
1938S Oregon Trail	6,006			
1939 Oregon Trail	3,004			
1939D Oregon Trail	3,004			
1939S Oregon Trail	3,005			
1915S Pan Pacific Exp.	27,134			
1920 Pilgrim Tercentenary	152,112			
1921 Pilgrim Tercentenary	20,053			
1936 Rhode Island	20,013			
1936D Rhode Island	15,010			
1936S Rhode Island	15,011			
1937 Roanoke Island, N.C.	29,030			
1936 Arkansas (Robinson)	25,265			
1935S San Diego Exp.	70,132			
1936D San Diego Exp.	30,092			
1926 Sesquicentennial	141,120			
1935 Old Spanish Trail	10,008			
1925 Stone Mountain	1,314,709			
1934 Texas Centennial	61,463			
1935 Texas Centennial	9,996			
1935D Texas Centennial	10,007			
1935S Texas Centennial	10,008			
1936 Texas Centennial	8,911			
1936D Texas Centennial	9,039			
1936S Texas Centennial	9,055			
1937 Texas Centennial	6,571			
1937D Texas Centennial	6,605			
1937S Texas Centennial	6,637			
1938 Texas Centennial	3,780			
1938D Texas Centennial	3,775			
1938S Texas Centennial	3,814			
1925S Fort Vancouver	14,994			
1927 Vermont (Bennington)	28,142			
1946 Booker T. Washington	1,000,546			
1946D Booker T. Washington	200,113			
1946S Booker T. Washington	500,279			

SILVER COMMEMORATIVES

Date	Quantity Minted	AU-50	MS-60	MS-65
1947 Booker T. Washington	100,017			
1947D Booker T. Washington	100,017			
1947S Booker T. Washington	100,017			
1948 Booker T. Washington	8,005			
1948D Booker T. Washington	8,005			
1948S Booker T. Washington	8,005			
1949 Booker T. Washington	6,004			
1949D Booker T. Washington	6,004			
1949S Booker T. Washington	6,004			
1950 Booker T. Washington	6,004			
1950D Booker T. Washington	6,004			
1950S Booker T. Washington	512,091			
1951 Booker T. Washington	510,082			
1951D Booker T. Washington	7,004			
1951S Booker T. Washington	7,004			
1936 Wisconsin Centennial	25,015			
1936 York County, Maine	25,015			
1900 Lafayette Dollar	36,026			

GOLD COMMEMORATIVES

Date	Quantity Minted		AU-50	MS-60	MS-65
1922 Grant Dollar, with star	5,016				
1922 Grant Dollar, no star	5,000				
1904 Lewis and Clark Dollar	10,025				
1905 Lewis and Clark Dollar	10,041				
1903 Jefferson Dollar	17,500				
1903 McKinely Dollar	17,500				
1916 McKinley Dollar	15,000				
1917 McKinley Dollar	5,000				
1915S Panama Pacific Dollar	15,000				
1915S Panama Pacific $2.50	6,749				
1915S Pan Pacific $50 Rd.	483				
1915S Pan Pacific $50 Oct.	645				
1926 Phila Sesqui. $2.50	46,019				

MODERN COMMEMORATIVES

Date	Quantity Minted	MS-65	Prf-65
1982D Geo. Washington	2,210,458		
1982S Geo. Washington	4,894,044		
1983P Olympic Dollar	294,543		
1983D Olympic Dollar	174,014		
1983S Olympic Dollar (1,557,025)	174,014		
1984 Olympic Dollar	217,954		
1984D Olympic Dollar	116,675		
1984S Oly. Dollar (1,801,210)	116,675		
1984P Olympic $10.00 proof	(33,309)		
1984D Olympic $10.00 proof	(34,533)		
1984S Olympic $10.00 proof	(48,551)		
1984W Olympic $10.00 (381,085)	75,886		
1986D Statue of Liberty	928,008		
1986S Statue of Lib. proof	(6,925,627)		
1986P Statue of Lib. $1.00	723,635		
1986S Statue of Lib. $1.00	(6,414,638)		
1986W Statue of Lib. $5 Gold (404,013)	95,248		
1987P Constitution $1.00	451,629		
1987S Constitution $1.00	(2,747,116)		
1987W Constitution $5. Gold (651,659)	214,225		
1988D Olympic Dollar	191,368		
1988S Olylmpic Dollar	(1,359,366)		
1988W Olympic $5 Gold (281,465)	62,913		
1989D Congress	163,753		
1989S Congress	(767,897)		
1989D Congress Dollar	135,203		
1989S Congress Dollar Prf.	(762,198)		
1989W Congress $5 Gold (164,690)	46,899		
1990W Eisenhower Dollar	241,669		
1990P Eisenhower Dollar Prf.	(1,144,461)		
1991D Mt. Rushmore	172,754		
1991S Mt. Rushmore Prf.	(753,257)		
1991P Mt. Rushmore Dollar	133,139		
1991S Mt. Rushmore Dollar Prf.	(738,419)		
1991W Mt. Rushmore $5 Gold (111,991)	31,959		
1991D Korean War Dollar	213,049		
1991P Korean War Dollar Prf.	(618,488)		
1991D U.S.O. Dollar	124,958		
1991S U.S.O. Dollar Prf.	(321,275)		
1992P Olympic Half Dollar	161,619		
1992S Olympic Half Dollar Prf.	(519,699)		
1992D Olympic Sil. Dollar	187,552		

MODERN COMMEMORATIVES

Date	Quantity Minted	MS-65	Prf-65
1992S Olympic Sil. Dollar Prf.	(504,505)		
1992W Olympic $5. Gold	27,732		
1992W Olympic $5 Gold prf.	(77,313)		
1992D White House Dollar	123,803		
1992W White House Dollar prf.	(375,849)		
1992D Columbus	135,718		
1992S Columbus Prf.	(390,255)		
1992D Columbus Dollar	106,949		
1992P Columbus Dollar Prf.	(385,241)		
1992W Columbus $5 Gold (79,730)	24,329		
1993W Bill of Rights	173,224		
1993S Bill of Rights Prf.	(559,758)		
1993D Bill of Rights Dollar	98,383		
1993S Bill of Rights Dollar Prf.	(534,001)		
1993W Bill of Rights $5 Gold (78,651)	23,266		
(1993) 1991-1995P W.W.II H. Dol. (290,343)	192,968		
(1993) 1991-1995D W.W.II Dollar	94,708		
(1993) 1991-1995W W.W.II Dollar Prf.	(322,422)		
(1993) 1991-1995W W.W.II $5 Gold (65,461)	23,089		
1994D World Cup Half Dollar	52,836		
1994P World Cup Prf. Half Dollar	(122,412)		
1994D World Cup Silver Dollar	81,698		
1994S World Cup Silver Dollar Prf.	(576,978)		
1994W World Cup $5 Gold (89,619)	22,464		
1993 (1994)P Thom. Jefferson	266,927		
1993 (1994)S Thom. Jefferson Prf.	(332,891)		
1994P Vietnam War	57,317		
1994S Vietnam War Prf.	(226,262)		
1994P POW Dollar	54,790		
1994S POW Dollar Prf.	(220,100)		
1994P Woman Vet. Dollar	53,054		
1994S Woman Vet. Dollar Prf.	(213,201)		
1994D U.S. Capitol Dollar	68,352		
1994S U.S. Capitol Dollar Prf.	(279,416)		
1995S Civil War Half Dollar	119,510		
1995S Civil War Half Dollar Prf.	(330,099)		
1995P Civil War Dollar	45,866		
1995S Civil War Dollar Prf.	(55,246)		
1995W Civil War $5 Gold	12,735		
1995W Civil War $5 Gold Prf.	(55,246)		
1995S Olympic Basketball Half Dollar	171,001		
1995S Olympic Half Dollar Prf.	(169,655)		

MODERN COMMEMORATIVES

Date	Quantity Minted	MS-65	Prf-65
1995S Olympic Baseball Half Dollar	164,605		
1995S Olympic Half Dollar Prf.	(118,087)		
1996S Olympic Swimming Half Dollar	49,533		
1996S Olympic Half Dollar Prf.	(114,315)		
1996S Olympic Soccer Half Dollar	58,836		
1996S Olympic Half Dollar Prf.	(122,412)		
1995D Olympic Gymnastics Dollar	42,497		
1995P Olympic Dollar Prf.	(182,676)		
1995D Olympic Paralympics Dollar	28,649		
1995P Olympic Dollar Prf.	(138,337)		
1995D Olympic Track Dollar	24,796		
1995P Olympic Dollar Prf.	(136,935)		
1995D Olympic Cycling Dollar	19,662		
1995P Olympic Dollar Prf.	(118,795)		
1996D Olympic Tennis Dollar	15,983		
1996P Olympic Dollar Prf.	(92,016)		
1996D Olympic Paralympics Dollar	14,497		
1996P Olympic Dollar Prf.	(84,280)		
1996D Olympic Rowing Dollar	16,258		
1996P Olympic Dollar Prf.	(151,890)		
1996D Olympic High Jump Dollar	15,697		
1996P Olympic Dollar Prf.	(124,502)		
1995W Olympic Torch Runner $5 Gold	14,675		
1995W Olympic $5 Gold Prf.	(57,442)		
1995W Olympic Stadium $5 Gold	10,579		
1995W Olympic $5 Gold Prf.	(43,124)		
1996W Olympic Flag Bearer $5 Gold	9,174		
1996W Olympic $5 Gold Prf.	(32,886)		
1996W Olympic Cauldron $5 Gold	9,210		
1996W Olympic $5 Gold Prf.	(38,555)		
1995W Shriver Dollar	89,301		
1995P Shriver Dollar Prf.	(351,764)		
1996D Community Ser. Dollar	23,468		
1996S Community Ser. Dollar Prf.	(100,787)		
1996D Smithsonian Dollar	126,616		
1996P Smithsonian Dollar Prf.	(30,593)		
1996W Smithsonian $5 Gold	21,840		
1996W Smithsonian $5 Gold Prf.	(8,948)		
1997P Botanic Gardens Dollar	57,272		
1997P Botanic Gardens Dollar Prf.	(264,528)		
1997S Jackie Robinson Dollar	30,007		
1997S Jackie Robinson Dollar Prf.	(110,495)		

MODERN COMMEMORATIVES

Date	Quantity Minted	MS-65	Prf-65
1997W Jackie Robinson $5 Gold	5,202		
1997W Jackie Robinson $5 Gold Prf.	(24,546)		
1997W Roosevelt $5 Gold	11,805		
1997W Roosevelt $5 Gold Prf.	(29,233)		
1997P Law Enforcement Silver Dollar	28,575		
1997P Law Enforcement Silver Dollar Prf.	(110,428)		
1998S Robert F. Kennedy Dollar	106,422		
1998S Robert F. Kennedy Dollar Prf.	(99,020)		
1998S Black Patriots Dollar	37,210		
1998S Black Patriots Dollar Prf.	(75,070)		
1999P Dolley Madison Silver Dollar	89,100		
1999P Dolley Madison Silver Dollar Prf.	(224,400)		
1999W George Washington $5 Gold	22,511		
1999W George Washington $5 Gold Prf.	(41,693)		
1999P Yellowstone Silver Dollar	62,000		
1999P Yellowstone Silver Dollar Prf.	(14,900)		
2000P Leif Ericson Silver Dollar	28,100		
2000P Leif Ericson Silver Dollar Prf.	(142,900)		

RECENT PROOF SETS

Date	Quantity Minted			Prf-63	Prf-65
1936	3,837				
1937	5,542				
1938	8,045				
1839	8,795				
1940	11,246				
1941	15,287				
1942	21,120				
1950	51,386				
1951	57,500				
1952	81,980				
1953	128,800				
1954	233,300				
1955	378,200				
1956	669,384				
1957	1,247,952				
1958	875,652				
1959	1,149,291				
1960	1,691,602				
1961	3,028,244				

RECENT PROOF SETS

Date	Quantity Minted				Prf-63	Prf-65
1962	3,218,019					
1963	3,075,645					
1964	3,950,762					
1965*	2,360,000					
1966*	2,261,583					
1967*	1,863,344					
1968S	3,041,506					
1969S	2,934,631					
1970S	2,632,810					
1971S	3,220,733					
1972S	3,260,996					
1973S	2,760,339					
1974S	2,612,568					
1975S	2,845,450					
1976S	4,149,730					
1976S 3 pc.	3,998,621					
1977S	3,251,152					
1978S	3,127,781					
1979S	3,677,175					
1980S	3,544,806					
1981S	4,063,083					
1982S	3,857,479					
1983S	3,138,765					
1983S Prestige	140,361					
1984S	2,748,430					
1984S Prestige	316,680					
1985S	3,362,821					
1986S	2,411,180					
1986S Prestige	599,317					
1987S	3,792,233					
1987S Prestige	435,495					
1988S	3,031,287					
1988S Prestige	231,661					
1989S	3,009,107					
1989S Prestige	211,087					
1990S	2,793,433					
1990S Prestige	506,126					
1991S	2,610,833					
1991S Prestige	256,954					
1992S	2,675,618					

*Special Mint Sets

RECENT PROOF SETS

Date	Quantity Minted				Prf-63	Prf-65
1992S Prestige	183,293					
1992S silver	1,009,586					
1992S silver prem.	308,055					
1993S	2,409,394					
1993S Prestige	224,045					
1993S silver	570,213					
1993S silver prem.	191,140					
1994S	2,308,701					
1994S Prestige	175,893					
1994S silver	636,009					
1994S silver prem.	149,320					
1995S	2,010,384					
1995S Prestige	107,112					
1995S silver	549,878					
1995S silver prem.	130,107					
1996S	1,695,244					
1996S Prestige	55,000					
1996S silver	623,655					
1996S silver prem.	151,366					
1997S	1,975,000					
1997S Prestige	80,000					
1997S silver	605,473					
1997S silver prem.	136,205					
1998S						
1998S silver	638,134					
1998S silver prem. set	240,658					
1999S 9-pc. set						
1999S 5-pc. 25¢ set						
1999S silver 9-pc. set	800,000					
2000S 10-pc. set	2,968,900					
2000S 5-pc. 25¢ set	937,600					
2000S silver 10-pc. set	856,400					
2001S 10-pc. set						
2001S 5-pc. 25¢ set						
2001S silver 10-pc. set						
2002S 10-pc. set						
2002S 5-pc. 25¢ set						
2002S silver 10-pc. set						

U.S. BULLION COINS

Date	Quantity Minted	Unc.			Proof	

$1.00 Silver Eagle

Date	Quantity Minted	Unc.			Proof	
1986	5,393,005					
1986S Prf.	(1,446,778)					
1987	11,442,335					
1987S Prf.	(904,732)					
1988	5,004,646					
1988S Prf.	(557,370)					
1989	5,203,327					
1989S Prf.	(617,694)					
1990	5,840,210					
1990S Prf.	(695,510)					
1991	7,191,066					
1991S Prf.	(511,925)					
1992	5,540,068					
1992S Prf.	(498,654)					
1993	6,763,762					
1993P Prf.	(403,625)					
1994	4,227,319					
1994P Prf.	(372,168)					
1995	4,672,051					
1995P Prf.	(395,400)					
1995W Prf.	(30,125)					
1996	3,603,386					
1996P Prf.	(473,021)					
1997	4,295,004					
1997P Prf.	(429,682)					
1998	4,847,549					
1998P Prf.	(452,319)					
1999	7,408,640					
1999P Prf.	(549,769)					
2000(W)	9,239,132					
2000P Prf.						
2001(W)	9,001,711					
2001W Prf.						
2002(W)						
2002W Prf.						

$5.00 Gold Eagle

Date	Quantity Minted	Unc.			Proof	
1986	912,609					
1987	580,266					
1988	159,500					

U.S. BULLION COINS

Date	Quantity Minted				Unc.	Proof
$5.00 Gold Eagle						
1988P Prf.	(143,881)					
1989	264,790					
1989P Prf.	(84,647)					
1990	210,210					
1990P Prf.	(99,349)					
1991	165,200					
1991P Prf.	(70,334)					
1992	209,300					
1992P Prf.	(64,877)					
1993	210,709					
1993P Prf.	(58,649)					
1994	206,380					
1994W Prf.	(62,100)					
1995	223,025					
1995W Prf.	(48,675)					
1996	401,964					
1996W Prf.	(57,449)					
1997	528,266					
1997W Prf.	(35,164)					
1998	1,344,520					
1998W Prf.	(39,706)					
1999	2,750,338					
1999W Prf.	(19,919)					
2000	569,153					
2000W Prf.						

Date	Quantity Minted				Unc.	Proof
$10.00 Gold Eagle						
1986	726,031					
1987	269,255					
1988	49,000					
1988P Prf.	(98,028)					
1989	81,789					
1989P Prf.	(54,170)					
1990	41,000					
1990P Prf.	(62,674)					
1991	36,100					
1991P Prf.	(50,840)					
1992	59,546					
1992P Prf.	(46,271)					

U.S. BULLION COINS

Date	Quantity Minted				Unc.	Proof

$10.00 Gold Eagle

Date	Quantity Minted				Unc.	Proof
1993	71,864					
1993P Prf.	(46,464)					
1994	72,650					
1994W Prf.	(47,600)					
1995	83,752					
1995W Prf.	(46,825)					
1996	60,318					
1996W Prf.	(37,755)					
1997	108,805					
1997W Prf.	(29,984)					
1998	309,829					
1998W Prf.	(29,731)					
1999	564,232					
1999W Prf.	(34,410)					
2000	128,964					
2000W Prf.						

$25.00 Gold Eagle

Date	Quantity Minted				Unc.	Proof
1986	599,566					
1987	131,255					
1987P Prf.	(143,398)					
1988	45,000					
1988P Prf.	(76,528)					
1989	44,829					
1989P Prf.	(44,798)					
1990	31,000					
1990P Prf.	(51,636)					
1991	24,100					
1991P Prf.	(53,125)					
1992	54,404					
1992P Prf.	(40,978)					
1993	73,324					
1993P Prf.	(43,319)					
1994	62,400					
1994W Prf.	(44,100)					
1995	53,474					
1995W Prf.	(46,200)					
1996	39,287					
1996W Prf.	(34,769)					

U.S. BULLION COINS

Date	Quantity Minted			Unc.		Proof

$25.00 Gold Eagle

Date	Quantity Minted			Unc.		Proof
1997	79,605					
1997W Prf.	(26,801)					
1998	169,029					
1998W Prf.	(25,550)					
1999	263,013					
1999W Prf.	(30,452)					
2000	79,287					
2000W Prf.						

$50.00 Gold Eagle

Date	Quantity Minted			Unc.		Proof
1986	1,362,650					
1986W Prf.	(446,290)					
1987	1,045,500					
1987W Prf.	(147,498)					
1988	465,000					
1988W Prf.	(87,133)					
1989	415,790					
1989W Prf.	(54,570)					
1990	373,210					
1990W Prf.	(62,401)					
1991	243,100					
1991W Prf.	(50,411)					
1992	275,000					
1992W Prf.	(44,826)					
1993	480,192					
1993W Prf.	(34,389)					
1994	221,633					
1994W Prf.	(46,300)					
1995	200,636					
1995W Prf.	(48,075)					
1996	189,148					
1996W Prf.	(36,086)					
1997	664,508					
1997W Prf.	(27,803)					
1998	1,468,530					
1998W Prf.	(26,047)					
1999	1,505,026					
1999W Prf.	(31,446)					
2000	433,319					
2000W Prf.						

U.S. BULLION COINS

Date	Quantity Minted	Unc.		Proof		

$10.00 Platinum Eagle

Date	Quantity Minted					
1997	70,250					
1997W Prf.	(37,260)					
1998	39,525					
1998W Prf.	(19,919)					
1999	55,955					
1999W Prf.	(19,123)					
2000	34,027					
2000W Prf.						

$25.00 Platinum Eagle

Date	Quantity Minted					
1997	27,100					
1997W Prf.	(18,726)					
1998	38,887					
1998W Prf.	(14,203)					
1999	39,734					
1999W Prf.	(13,524)					
2000	20,054					
2000W Prf.						

$50.00 Platinum Eagle

Date	Quantity Minted					
1997	20,500					
1997W Prf.	(14,637)					
1998	32,415					
1998W Prf.	(13,919)					
1999	32,309					
1999W Prf.	(11,098)					
2000	18,892					
2000W Prf.						

$100.00 Platinum Eagle

Date	Quantity Minted					
1997	56,000					
1997W Prf.	(16,000)					
1998	133,002					
1998W Prf.	(26,047)					
1999	56,707					
1999W Prf.	(12,351)					
2000	10,003					
2000W Prf.						

CANADA

Victoria
1858–1901

Date	Quantity Minted	Good	V. Good	Fine	V. Fine	Ex. Fine	Unc.
1858	421,000						
1859							
1859 re-eng. date							
1859 over 58 Nar. 9	9,579,000						
1859 over 58 Wide 9							
1876H	4,000,000						
1881H	2,000,000						
1882H	4,000,000						
1884	2,500,000						
1886	1,500,000						
1887	1,500,000						
1888	4,000,000						
1890H	1,000,000						
1891 large date							
1891 sm. dt., lg. leav.	1,452,500						
1891 sm. dt., sm. leav.							
1892	1,200,000						
1893	2,000,000						
1894	1,000,000						
1895	1,200,000						
1896	2,000,000						
1897	1,500,000						
1898H	1,000,000						
1899	2,400,000						
1900	1,000,000						
1900H	2,600,000						
1901	4,100,000						

CANADA—LARGE CENTS

Edward VII
1902–1910

Date	Quantity Minted	Good	V. Good	Fine	V. Fine	Ex. Fine	Unc.
1902	3,000,000						
1903	4,000,000						
1904	2,500,000						
1905	2,000,000						
1906	4,100,000						
1907	2,400,000						
1907H	800,000						
1908	2,401,506						
1909	3,973,339						
1910	5,146,487						

George V
1910–1936

1911	4,663,486						
1912	5,107,642						
1913	5,735,405						
1914	3,405,958						
1915	4,932,134						
1916	11,022,367						
1917	11,899,254						
1918	12,970,798						
1919	11,279,634						
1920	6,762,247						

CANADA—SMALL CENTS

1920	15,483,923						
1921	7,601,627						
1922	1,243,635						

Date	Quantity Minted	Good	V. Good	Fine	V. Fine	Ex. Fine	Unc.
1923	1,019,002						
1924	1,593,195						
1925	1,000,622						
1926	2,143,372						
1927	3,553,928						
1928	9,144,860						
1929	12,159,840						
1930	2,538,613						
1931	3,842,776						
1932	21,316,190						
1933	12,079,310						
1934	7,042,358						
1935	7,526,400						
1936	8,768,769						

George VI
1936–1952

Date	Quantity Minted	Good	V. Good	Fine	V. Fine	Ex. Fine	Unc.
1937	10,040,231						
1938	18,365,608						
1939	21,600,319						
1940	85,740,532						
1941	56,336,011						
1942	76,113,708						
1943	89,111,969						
1944	44,131,216						
1945	77,268,591						
1946	56,662,071						
1947	31,093,901						
1947 Maple leaf	43,855,448						
1948	25,767,779						
1949	33,128,933						
1950	60,444,992						
1951	80,430,379						
1952	67,631,736						

CANADA—SMALL CENTS

Elizabeth II
1952–

Date	Quantity Minted	Good	V. Good	Fine	V. Fine	Ex. Fine	Unc.
1953	67,806,016						
1954	22,181,760						
1955	56,403,193						
1956	78,685,535						
1957	100,601,792						
1958	59,385,679						
1959	83,615,343						
1960	75,772,775						
1961	139,598,404						
1962	227,244,069						
1963	279,076,334						
1964	484,655,322						

Date	Quantity Minted	Good	V. Good	Fine	V. Fine	Ex. Fine	Unc.
1965 New obv.	304,441,082						
1966	183,644,388						
1967 Centen.	345,140,645						
1968	329,695,772						
1969	335,240,929						
1970	311,145,010						
1971	298,228,936						
1972	451,304,591						
1973	457,059,852						
1974	692,058,489						
1975	642,318,000						
1976	701,122,890						
1977	453,050,666						
1978	911,170,647						
1979	753,942,453						
1980	911,800,000						

CANADA—SMALL CENTS

Date	Quantity Minted	Good	V. Good	Fine	V. Fine	Ex. Fine	Unc.	Proof
1981	1,209,468,500							
1982	876,029,450							
1983	997,820,210							
1984	838,225,000							
1985	782,752,500							
1986	740,335,000							
1987	774,549,000							
1988	482,676,752							
1989	1,077,347,200							
1990	218,035,000							
1991	831,001,000							
1992 confed. 125	673,512,000							
1993	808,585,000							
1994	639,516,000							
1995	624,983,000							
1996	445,746,000							
1997	549,868,000							
1998W								
1998	999,267,000							
1999	1,089,625,000							
1999P	20,000							
2000								
2000W in set								
2000P								

CANADA—5 CENTS SILVER

Victoria
1837–1901

Date	Quantity Minted	Good	V. Good	Fine	V. Fine	Ex. Fine	Unc.	Proof
1858 small dat	1,500,000							
1858 large date								
1870 flat rim	2,800,000							
1870 raised rim								
1871	1,400,000							
1872H	2,000,000							
1874H plain 4	800,000							
1874H crosslet 4								

CANADA—5 CENTS SILVER

Date	Quantity Minted	Good	V. Good	Fine	V. Fine	Ex. Fine	Unc.
1875H	1,000,000						
1880H	3,000,000						
1881H	1,500,000						
1882H	1,000,000						
1883H	600,000						
1884	200,000						
1885	1,000,000						
1886	1,700,000						
1887	500,000						
1888	1,000,000						
1889	1,200,000						
1890H	1,000,000						
1891	1,800,000						
1892	860,000						
1893	1,700,000						
1894	500,000						
1896	1,500,000						
1897	1,319,283						
1898	580,717						
1899	3,000,000						
1900 oval 0	1,800,000						
1900 round 0							
1901	2,000,000						

Edward VII
1901–1910

1901	2,120,000						
1902 large H	2,200,000						
1902 small H							
1903	1,000,000						
1903H	2,640,000						
1904	2,400,000						
1905	2,600,000						
1906	3,100,000						
1907	5,200,000						
1908	1,197,780						
1909	1,890,865						
1910	5,850,325						

CANADA—5 CENTS SILVER

George V
1910–1936

Date	Quantity Minted	Good	V. Good	Fine	V. Fine	Ex. Fine	Unc.
1911	3,692,350						
1912	5,863,170						
1913	5,588,048						
1914	4,202,179						
1915	1,172,258						
1916	2,481,675						
1917	5,521,373						
1918	6,052,298						
1919	7,835,400						
1920	10,649,851						
1921	2,582,495						

CANADA—5 CENTS NICKEL

Date	Quantity Minted	Good	V. Good	Fine	V. Fine	Ex. Fine	Unc.
1922	4,763,186						
1923	2,475,201						
1924	3,066,658						
1925	200,050						
1926 near 6 1926 far 6	933,577						
1927	5,285,627						
1928	4,558,725						
1929	5,562,262						
1930	3,685,991						
1931	5,100,830						
1932	3,198,566						
1933	2,597,867						
1934	3,827,304						
1935	3,891,151						
1936	4,400,450						

CANADA—5 CENTS NICKEL

George VI
1936–1952

Date	Quantity Minted	Good	V. Good	Fine	V. Fine	Ex. Fine	Unc.
1937	4,593,263						
1938	3,898,974						
1939	5,661,123						
1940	13,920,197						
1941	8,681,785						
1942 Nickel	6,847,544						
1942 Tombac-Beaver	3,396,234						
1943 Tombac-V	24,760,256						
1944 Steel	11,532,784						
1945	18,893,216						
1946 Nickel	6,952,684						
1947 plain	7,603,724						
1947 Maple leaf	9,595,124						
1947 dot							
1948	1,810,789						
1949	13,037,090						
1950	11,970,520						
1951 Commemorative	9,028,507						
1951 Steel	4,313,410						
1952	10,891,148						

Elizabeth
1952–

		Good	V. Good	Fine	V. Fine	Ex. Fine	Unc.
1953	16,635,552						
1954	6,998,662						
1955 Nickel	5,355,028						
1956	9,399,854						
1957	7,387,703						

CANADA—5 CENTS NICKEL

Date	Quantity Minted	Good	V. Good	Fine	V. Fine	Ex. Fine	Unc.	Proof
1958	7,607,521							
1959	11,552,523							
1960	37,157,433							
1961	47,889,051							
1962	46,307,305							
1963 Round	43,970,320							
1964	78,075,068							

Date	Quantity Minted	Good	V. Good	Fine	V. Fine	Ex. Fine	Unc.	Proof
1965 New obv.	84,876,018							
1966	27,976,648							
1967 Centennial	36,876,574							
1968	99,253,330							
1969	27,830,229							
1970	5,726,010							
1971	27,312,609							
1972	62,417,387							
1973	53,507,435							
1974	94,704,645							
1975	138,882,000							
1976	55,140,213							
1977	89,120,791							
1978	137,079,273							
1979	186,295,825							
1980	134,878,000							
1981	99,107,900							
1982	64,924,400							
1983	72,596,000							
1984	84,088,000							
1985	126,618,000							
1986	156,104,000							
1987	106,299,000							
1988	75,025,000							
1989	141,571,000							
1990	42,537,000							

CANADA—5 CENTS NICKEL

Date	Quantity Minted	Good	V. Good	Fine	V. Fine	Ex. Fine	Unc.	Proof
1991	10,931,000							
1992 confed. 125	53,732,000							
1993	86,877,000							
1994	99,352,000							
1995	78,528,000							
1996	36,686,000							
1997	27,354,000							
1998W in set								
1998O silver								
1998	156,873,000							
1999	124,861,000							
1999P	20,000							
2000	108,514,000							
2000P	2,300,000							
2000W in set								

CANADA—10 CENTS

Victoria
1837–1901

1858	1,250,000							
1870	1,600,000							
1871	800,000							
1871H	1,870,000							
1872H	1,000,000							
1874H	600,000							
1875H	1,000,000							
1880H	1,500,000							
1881H	950,000							
1882H	1,000,000							
1883H	300,000							
1884	150,000							
1885	400,000							
1886 small 6	800,000							
1886 large 6								
1887	350,000							
1888	500,000							

CANADA—10 CENTS

Date	Quantity Minted	Good	V. Good	Fine	V. Fine	Ex. Fine	Unc.	Proof
1889	600,000							
1890H	450,000							
1891 21 leaves 1891 22 leaves	800,000							
1892	520,000							
1893	500,000							
1894	500,000							
1896	650,000							
1898	720,000							
1899 1899 small 99	1,200,000							
1900	1,100,000							
1901	1,200,000							

Edward VII 1901–1910

Date	Quantity Minted	Good	V. Good	Fine	V. Fine	Ex. Fine	Unc.	Proof
1902	720,000							
1902H	1,100,000							
1903	500,000							
1903H	1,320,000							
1904	1,000,000							
1905	1,000,000							
1906	1,700,000							
1907	2,620,000							
1908	776,666							
1909 large leaves 1909 broad leaves	1,697,200							
1910	4,468,331							

George V
1910–1936

Date	Quantity Minted	Good	V. Good	Fine	V. Fine	Ex. Fine	Unc.	Proof
1911	2,737,584							
1912	3,235,557							
1913 small leaves 1913 broad leaves	3,613,937							
1914	2,549,811							

CANADA—10 CENTS

Date	Quantity Minted	Good	V. Good	Fine	V. Fine	Ex. Fine	Unc.	Proof
1915	688,057							
1916	4,218,114							
1917	5,011,988							
1918	5,133,602							
1919	7,877,722							
1920	6,305,345							
1921	2,469,562							
1928	2,458,602							
1929	3,253,888							
1930	1,831,043							
1931	2,067,421							
1932	1,154,317							
1933	672,368							
1934	419,067							
1935	384,056							
1936	2,460,871							

George VI
1936–1952

Date	Quantity Minted	Good	V. Good	Fine	V. Fine	Ex. Fine	Unc.	Proof
1937	2,500,095							
1938	4,197,323							
1939	5,501,748							
1940	16,526,470							
1941	8,716,386							
1942	10,214,011							
1943	21,143,229							
1944	9,383,582							
1945	10,979,570							
1946	6,300,066							
1947	4,431,926							
1947 Maple leaf	9,638,793							
1948	422,741							
1949	11,336,172							
1950	17,823,075							
1951	15,079,265							
1952	10,474,455							

CANADA—10 CENTS

Date	Quantity Minted	Good	V. Good	Fine	V. Fine	Ex. Fine	Unc.	Proof
Elizabeth II 1952–								
1953	17,706,395							
1954	4,493,150							
1955	12,237,294							
1956 1956 dot	16,732,844							
1957	16,110,229							
1958	10,621,236							
1959	19,691,433							
1960	45,446,835							
1961	26,850,859							
1962	41,864,335							
1963	41,916,208							
1964	49,518,549							

Date	Quantity Minted	Good	V. Good	Fine	V. Fine	Ex. Fine	Unc.	Proof
1965 New obverse	56,965,392							
1966	34,330,199							
1967 Centennial	62,998,215							
1968 Silver	70,460,000							
1968 Nickel	172,582,930							
1969	55,833,929							
1970	5,249,296							
1971	41,016,968							
1972	60,169,387							
1973	167,715,435							
1974	210,566,565							
1975	207,680,000							
1976	95,018,533							
1977	128,452,206							
1978	170,366,431							
1979	236,910,479							
1980	169,742,000							
1981	123,912,900							

CANADA—10 CENTS

Date	Quantity Minted	Good	V. Good	Fine	V. Fine	Ex. Fine	Unc.	Proof
1982	93,475,000							
1983	111,065,000							
1984	119,080,000							
1985	143,025,000							
1986	168,620,000							
1987	147,309,000							
1988	162,998,558							
1989	199,104,414							
1990	75,023,000							
1991	50,397,000							
1992 Confed. 125	174,476,000							
1993	135,569,000							
1994	145,800,000							
1995	123,875,000							
1996	51,814,000							
1997	43,126,000							
1998W in set								
1998O silver								
1998	203,514,000							
1999	258,462,000							
1999P	20,000							
2000	159,125,000							
2000P								
2000W in set								
2001P Volunteers								
2002P								

CANADA—20 CENTS

Victoria
1837–1901

		Good	V. Good	Fine	V. Fine	Ex. Fine	Unc.	Proof
1858	750,000							

CANADA—25 CENTS

Victoria
1837–1901

Date	Quantity Minted	Good	V. Good	Fine	V. Fine	Ex. Fine	Unc.	Proof
1870	900,000							
1871	400,000							
1871H	748,000							
1872H	2,240,000							
1874H	1,600,000							
1875H	1,000,000							
1880H narrow 0	400,000							
1880H wide 0								
1881H	820,000							
1882H	600,000							
1883H	960,000							
1885	192,000							
1886	540,000							
1887	100,000							
1888	400,000							
1889	66,340							
1890	200,000							
1891	120,000							
1892	510,000							
1893	100,000							
1894	220,000							
1899	415,580							
1900	1,320,000							
1901	640,000							

Edward VII 1901–1910

Date	Quantity Minted	Good	V. Good	Fine	V. Fine	Ex. Fine	Unc.	Proof
1902	464,000							
1902H	800,000							
1903	846,150							
1904	400,000							
1905	800,000							
1906	1,237,843							
1907	2,088,000							

CANADA—25 CENTS

Date	Quantity Minted	Good	V. Good	Fine	V. Fine	Ex. Fine	Unc.	Proof
1908	495,016							
1909	1,335,929							
1910	3,577,569							
1911	1,721,341							
1912	2,544,199							
1913	2,213,595							
1914	1,215,397							
1915	242,382							
1916	1,462,566							
1917	3,365,644							
1918	4,175,649							
1919	5,852,262							
1920	1,975,278							
1921	595,337							
1927	468,096							
1928	2,114,178							
1929	2,690,562							
1930	968,748							
1931	537,815							
1932	537,994							
1933	421,282							
1934	384,350							
1935	537,772							
1936	972,094							
1936 dot	153,322							

George VI
1936–1952

1937	2,689,813							
1938	3,149,245							
1939	3,532,495							
1940	9,583,650							
1941	6,654,672							
1942	6,935,871							
1943	13,559,575							
1944	7,216,237							

CANADA—25 CENTS

Date	Quantity Minted	Good	V. Good	Fine	V. Fine	Ex. Fine	Unc.	Proof
1945	5,296,495							
1946	2,210,810							
1947	1,524,554							
1947 Maple leaf	4,393,938							
1948	2,564,424							
1949	7,988,830							
1950	9,673,335							
1951	8,290,719							
1952	8,859,642							

Elizabeth II
1952–

Date	Quantity Minted	Good	V. Good	Fine	V. Fine	Ex. Fine	Unc.	Proof
1953 wire rim 1953 flat rim	10,456,769							
1954	2,318,891							
1955	9,552,505							
1956	11,269,353							
1957	12,770,190							
1958	9,336,910							
1959	13,503,461							
1960	22,835,327							
1961	18,164,368							
1962	29,559,266							
1963	21,180,652							
1964	36,479,343							
1965 New obverse	44,708,869							
1966	25,388,892							
1967 Centennial	48,855,500							
1968 Silver	71,464,000							
1968 Nickel	88,686,931							
1969	133,037,929							
1970	10,302,010							
1971	48,170,428							
1972	43,743,387							
1973 Mtd. Police	134,958,589							

CANADA—25 CENTS

Date	Quantity Minted	Good	V. Good	Fine	V. Fine	Ex. Fine	Unc.	Proof
1974	192,360,598							
1975	141,486,838							
1976	86,898,261							
1977	99,634,555							
1978	176,475,408							
1979	131,042,905							
1980	76,178,000							
1981	131,580,272							
1982	171,926,000							
1983	13,162,000							
1984	119,212,000							
1985	158,734,000							
1986	132,220,000							
1987	53,408,000							
1988	80,368,473							
1989	119,796,307							
1990	31,258,000							
1991	459,000							
1992 New Brunswick	*							
1992 N.W. Terr.	*							
1992 Newfoundland	*							
1992 Manitoba	*							
1992 Yukon	*							
1992 Alberta	*							
1992 P.E.I.	*							
1992 Ontario	*							
1992 Nova Scotia	*							
1992 Br. Columbia	*							
1992 Saskatchewan	*							
1992 Quebec	*							
1993	73,758,000							
1994	77,670,000							
1995	89,210,000							
1996	28,106,000							
1997								
1998W								
1998O silver								
1998								
1999 Caribou								
1999P Caribou								

*Total mintage of all 1992 designs was 152,668,000.

Victoria
1837–1901

Date	Quantity Minted	Good	V. Good	Fine	V. Fine	Ex. Fine	Unc.	Proof
1870	450,000							
1871	200,000							
1871H	45,000							
1872H	80,000							
1881H	150,000							
1888	60,000							
1890H	20,000							
1892	151,000							
1894	29,036							
1898	100,000							
1899	50,000							
1900	118,000							
1901	80,000							

Edward VII
1901–1910

1902	120,000							
1903H	140,000							
1904	60,000							
1905	40,000							
1906	350,000							
1907	300,000							
1908	128,119							
1909	203,118							
1910	649,521							

Date	Quantity Minted	Good	V. Good	Fine	V. Fine	Ex. Fine	Unc.	Proof
George V 1910–1936								
1911	209,972							
1912	285,867							
1913	265,889							
1914	160,128							
1916	459,070							
1917	752,213							
1918	854,989							
1919	1,113,429							
1920	584,691							
1921	206,398							
1929	228,328							
1931	57,581							
1932	19,213							
1934	39,539							
1936	38,550							

George VI
1936–1952

Date	Quantity Minted	Good	V. Good	Fine	V. Fine	Ex. Fine	Unc.	Proof
1937	192,016							
1938	192,018							
1939	287,976							
1940	1,996,566							
1941	1,714,874							
1942	1,974,165							
1943	3,109,583							
1944	2,460,205							
1945	1,959,528							
1946	950,235							
1947 straight 7 1947 curved 7	424,885							
1947 M.L. str. 7 1947 M.L. cur. 7	38,433							

CANADA—50 CENTS

Date	Quantity Minted	Good	V. Good	Fine	V. Fine	Ex. Fine	Unc.	Proof
1948	37,784							
1949	858,991							
1950	2,384,179							
1951	2,421,730							
1952	2,596,465							

Elizabeth II
1952–

Date	Quantity Minted	Good	V. Good	Fine	V. Fine	Ex. Fine	Unc.	Proof
1953 small date 1953 large date	1,630,429							
1954	506,305							
1955	753,511							
1956	1,379,499							
1957	2,171,689							
1958	2,957,266							
1959	3,095,535							
1960	3,488,897							
1961	3,584,417							
1962	5,208,030							
1963	8,348,871							
1964	9,377,676							

Date	Quantity Minted	Good	V. Good	Fine	V. Fine	Ex. Fine	Unc.	Proof
1965 New obverse	12,629,974							
1966	7,683,228							
1967 Centennial	4,211,395							

CANADA—50 CENTS

Date	Quantity Minted	Good	V. Good	Fine	V. Fine	Ex. Fine	Unc.	Proof
1968 New size — Nick.	3,966,932							
1969	7,113,929							
1970	2,429,516							
1971	2,166,444							
1972	2,515,632							
1973	2,546,096							
1974	3,436,650							
1975	3,710,000							
1976	2,940,719							
1977	709,839							
1978	3,341,892							
1979	3,425,000							
1980	1,574,000							
1981	2,690,272							
1982	2,236,674							
1983	1,177,000							
1984	1,502,989							
1985	2,188,374							
1986	781,400							
1987	373,000							
1988	220,000							
1989	266,419							
1990	207,000							
1991	490,000							
1992 Confed. 125	248,000							
1993	393,000							
1994	987,000							
1995	626,000							
1996	458,000							
1997	387,000							
1998W in set								
1998O silver								
1998	308,000							
1999	496,000							
1999P	20,000							
2000								
2000P								
2000W								
2001P								
2002P								

George V
1910–1936

Date	Quantity Minted	V. Fine	Ex. Fine	Unc.	Proof
1935	428,707				
1936	306,100				

George VI
1936–1952

Date	Quantity Minted	V. Fine	Ex. Fine	Unc.	Proof
1937	241,002				
1938	90,304				
1939	1,363,816				
1945	38,391				
1946	93,055				
1947 blunt 7 / 1947 pointed 7	65,595				
1947 Maple leaf	21,135				
1948	18,780				
1949 Comm	672,218				
1950	261,002				
1951	416,395				
1952	406,148				

CANADA—SILVER DOLLARS

Elizabeth II
1952–

Date	Quantity Minted	V. Fine	Ex. Fine	Unc.	Proof
1953 wire edge					
1953 flat edge	1,074,578				
1954	246,606				
1955	268,105				
1956	209,092				
1957	496,389				
1958 Comm	3,039,630				
1959	1,443,502				
1960	1,420,486				
1961	1,262,231				
1962	1,884,789				
1963	4,179,981				
1964 Commemorative	7,296,832				
1965 New obverse	10,768,569				
1966	9,912,178				
1967 Centennial	6,767,496				
1968 New size—Nick.	5,579,714				
1969	4,809,313				
1970 Commemorative	4,140,058				
1971 Commemorative	4,260,781				
1971 Silver Commem.	585,674				
1972	2,676,041				
1972 Silver	341,598				
1973 P.E.I. Commem.	3,196,452				
1973 Sil. "Mountie"	1,031,271				
1974 Winnipeg, Silver	728,947				
1974 Winnipeg, Nick.	2,799,363				
1975 Calgary, Silver	930,956				
1975 Canoe, Nickel	3,256,000				
1976 Library, Silver	578,708				

CANADA—SILVER DOLLARS

Date	Quanity Minted	V. Fine	Ex. Fine	Unc.	Proof
1976 Canoe, Nickel	2,498,204				
1977 Throne, Silver	744,848				
1977 Canoe, Nickel	1,393,745				
1978 XI Games, Sil.	709,602				
1978 Canoe, Nickel	2,948,488				
1979 Griffon, Silver	826,695				
1979 Canoe, Nickel	2,954,842				
1980 Arctic, Silver	539,617				
1980	3,291,221				
1981 Railway, Silver	699,494				
1981	2,778,900				
1982 Regina, Silver	903,888				
1982 Constitution	9,709,422				
1982	1,098,500				
1983 Games, Silver	159,450				
1983 Games, Sil. Prf.	506,847				
1983	2,267,525				
1984 Toronto, Silver	133,610				
1984 Toronto, Sil. Prf.	732,542				
1984 Cartier, Nickel	7,009,323				
1984 Cartier, Nick. Prf.	87,760				
1984	1,223,486				
1985 Nat. Parks, Sil.	163,314				
1985 Nat. Parks, Sil.	733,354				
1985	3,104,092				
1986 Vancouver, Sil.	125,949				
1986 Vancouver, Sil.	680,004				
1986	3,089,225				
1987 Davis, Silver	118,722				
1987 Davis, Sil. Prf.	602,374				
1987	205,405,000				
1987 Proof	178,120				
1988	138,893,539				
1988 Refinery	106,872				
1988 Refinery Prf.	255,013				
1989	184,773,902				
1989 Mack. River	99,774				
1989 Mack. River Prf.	244,062				
1990	68,402,000				
1990 Henry Kelsey	99,455				
1990 Henry Kelsey Prf.	254,959				

CANADA—SILVER DOLLARS

Date	Quantity Minted	V. Fine	Ex. Fine	Unc.	Proof
1991	23,156,000				
1991 Frontenac	73,843				
1991 Frontenac Prf.	195,424				
1992	27,253,000				
1992 Parliament					
1992 Stagecoach	78,160				
1992 Stagecoach Prf.	187,612				
1993	33,662,000				
1993 Stanley Cup	88,150				
1993 Stanley Cup Prf.	294,314				
1994	40,406,000				
1994 National War Mem.	15,000,000				
1994 National War Mem. Prf.	54,544				
1994 Police Dog	61,561				
1994 Police Dog Prf.	170,374				
1995	41,813,000				
1995 Peace Keeping Mon.					
1995 Peace Keeping Mon. Prf.	50,000				
1995 Hudson's Bay					
1995 Hudson's Bay Prf.					
1996	17,101,000				
1996 McIntosh					
1996 McIntosh Prf.					
1997					
1997 10th Anniv. Loon Dir.					
1997 10th Anniv. Loon Dir. Prf.					
1998					
1998O					
1998W					
1999					
2000					
2000W					

CANADA—BI-METALLIC 2 DOLLARS

Date	Quantity Minted	V. Fine	Ex. Fine	Unc.	Proof
1996 Polar Bear	375,483,000				
1997	16,942,000				
1998	5,309,000				
1998W in set					
1998O					
1999 nunavit	25,130,000				

CANADA—OLYMPIC 5 DOLLARS

Date	Quantity Minted	V. Fine	Ex. Fine	Unc.	Proof
1973 Sailboats	165,203				
1973 Map	165,203				
1974 Wreath/Rings	97,431				
1974 Torch-bearer	97,431				
1975 Canoeing	104,684				
1975 Rowing	104,684				
1975 Runner	89,155				
1975 Javelin throwing	89,155				
1975 Diver	89,155				
1975 Swimmer	89,155				
1976 Fencing	82,302				
1976 Boxing	82,302				
1976 Olympic Village	76,908				
1976 Olympic Flame	79,102				

CANADA—OLYMPIC TEN DOLLARS

1973 Map	103,426				
1973 Skyline	165,203				

CANADA—OLYMPIC TEN DOLLARS

Date	Quantity Minted	V. Fine	Ex. Fine	Unc.	Proof
1974 Temple of Zeus	104,684				
1974 Zeus head	104,684				
1975 Lacrosse	97,431				
1975 Cycling	97,431				
1975 Shot Put	82,302				
1975 Hurdles	82,302				
1975 Sailing	89,155				
1975 Paddler	89,155				
1976 Soccer	76,908				
1976 Hockey	76,908				
1976 Stadium	79,102				
1976 Velodrome	79,102				

CANADA—OLYMPIC 15 DOLLARS

	Quantity Minted	V. Fine	Ex. Fine	Unc.	Proof
1992 Coaching	275,000				
1992 High Jump, etc.	275,000				

CANADA—OLYMPIC TWENTY DOLLARS

	Quantity Minted	V. Fine	Ex. Fine	Unc.	Proof
1985 Downhill Skier	406,360				
1985 Speed Skater	354,222				
1986 Biathlon	308,686				
1986 Hockey	396,602				
1986 Cross Ctry. Skier	303,199				
1986 Free Style Skier	294,322				
1987 Figure Skater	334,875				
1987 Curling	286,457				
1987 Ski Jumper	290,954				
1987 Bobsled	274,326				

CANADA—OLYMPIC 175 DOLLARS GOLD

Date	Quantity Minted	V. Fine	Ex. Fine	Unc.	Proof
1992 Olympic	22,092				

CANADA—GOLD SOVEREIGNS

Date	Quantity Minted	Good	V. Good	Fine	V. Fine	Ex. Fine	Unc.	Proof
Edward VIII 1901–1910								
1908C	636							
1909C	16,273							
1910C	28,012							

George V
1910–1936

1911C	256,946							
1913C	3,715							
1914C	14,891							
1916C	6,111							
1917C	58,845							
1918C	106,516							
1919C	135,889							

CANADA—TWO DOLLARS GOLD

1996 Polar Bear	5,000							

CANADA—FIVE DOLLARS GOLD

1912	154,745							
1913	93,791							
1914	29,078							

CANADA—TEN DOLLARS GOLD

1912	70,752							
1913	141,994							
1914	135,292							

CANADA—TWENTY DOLLARS GOLD

Date	Quantity Minted	V. Good	Fine	V. Fine	Ex. Fine	Unc.	Proof
1967 proof only	337,688						

CANADA—HUNDRED DOLLARS GOLD

Date	Quantity Minted	V. Good	Fine	V. Fine	Ex. Fine	Unc.	Proof
1976 Olympic	650,000						
1976 Olympic (proof only)	337,342						
1977 Queen's Jub. (pf. only)	180,396						
1978 Unification	200,000						
1979 Year of the Child	250,000						
1980 Arctic Terr.	130,000						
1981 National Anthem	100,950						
1982 New Constitution	121,708						
1983 St. John's Newfound.	83,128						
1984 Jacques Cartier	67,662						
1985 National Parks	58,520						
1986 Peace	76,255						
1987 1988 Olympics	145,175						
1988 Whales	52,239						
1989 Sainte-Marie	63,881						
1990 Literacy Year	49,940						
1991 Empress	36,595						
1992 Montreal	28,162						
1993 Carriage	25,971						
1994 Home Front	17,603						
1995 Louisbourg	18,195						
1996 Klondike	19,744						
1997 A.G. Bell	14,775						
1998 Frederick Banting	11,220						
1999 Newfoundland	10,242						
2000 Northwest Passage	9,767						
2001 Library of Parliament	10,000						

CANADA—TWO HUNDRED DOLLARS GOLD

Date	Quantity Minted	V. Good	Fine	V. Fine	Ex. Fine	Unc.	Proof
1990 Jubilee	20,980						
1991 Hockey	10,215						
1992 Niagara Falls	9,465						
1993 RCMP	10,807						
1994 Green Gables	10,655						
1995 Sugar Bush	9,579						
1996 Can-Pac Railway	8,047						
1997 Haida	11,610						
1998 White Buffalo	7,149						
1999 Mikmaq Butterfly	6,510						
2000 Mother and Child	6,284						
2001 Cornelius Krieghoff	10,000